Aplicación de las herramientas digitales en la innovación educativa. SSCE010PO

Mª Teresa Porto Benítez

ic editorial

Aplicación de las herramientas digitales en la innovación educativa. SSCE010PO

1ª Edición

Editado por: IC Editorial
c/ Cueva de Viera, 2, Local 3
Centro Negocios CADI
29200 Antequera (Málaga)
Teléfono: 952 70 60 04
Fax: 952 84 55 03
Correo electrónico: iceditorial@iceditorial.com
Internet: www.iceditorial.com

ISBN: 978-84-1184-324-9
Depósito Legal: MA 1912-2024

Impresión: PODiPrint
Impreso en Andalucía - España

Nota de la editorial: IC Editorial pertenece a Innovación y Cualificación S. L.

Especialidad formativa

Se entiende por especialidad formativa la agrupación de contenidos, competencias profesionales y especificaciones técnicas que responde a un conjunto de actividades de trabajo enmarcadas en una fase del proceso de producción y con funciones afines.

Las especialidades formativas de Uso General, Formación Complementaria, Formación Modular y las especialidades formativas dirigidas a la obtención de certificados de profesionalidad se incluyen en el Fichero de Especialidades del Servicio Público de Empleo Estatal para su gestión en todo el territorio nacional por cualquier Administración competente.

Las especialidades complementarias, pertenecen todas a la Familia profesional de Formación Complementaria (FCO) y tienen la consideración de formación transversal en áreas que se consideran prioritarias tanto en el marco de la Estrategia Europea para el Empleo y del Sistema Nacional de Empleo como en las directrices establecidas por la Unión Europea. Se consideran áreas prioritarias las relativas a tecnologías de la información y la comunicación, la prevención de riesgos laborales, la sensibilización en medio ambiente, la promoción de la igualdad, la orientación profesional y aquellas otras que se establezcan por la Administración competente.

Las especialidades de Certificado de profesionalidad tienen una duración especificada en su normativa reguladora.

En el resultado de la búsqueda, se muestran las unidades de competencia, todos los módulos formativos con su duración y las unidades formativas del certificado correspondiente, con su duración. Las horas del certificado, exclusivo de las especialidades de certificado de profesionalidad, con alta igual o superior a 2008, son las horas totales más las horas del módulo de Prácticas Profesionales no Laborales.

- **Si la especialidad tiene unidades formativas,** las horas totales, presencial, distancia, teleformación serán igual a la suma de esas horas de las unidades formativas de los distintos módulos, sin que se repita ninguna Unidad formativa.

- **Si la especialidad no tiene unidades formativas,** las horas totales, presencial, distancia, teleformación serán igual a las sumas de esas horas de los módulos formativos, eliminando las horas de los módulos repetidos.

https://sede.sepe.gob.es/especialidadesformativas/RXBuscadorEFRED/BusquedaEspecialidades.do

(Fuente: Servicio Público de Empleo Estatal)

Índice

Unidad de aprendizaje 3
Las webblogs

Unidad de aprendizaje 4
Plataformas para wikis

OBJETIVOS GENERALES

Los objetivos generales del título **SSCE010PO. Aplicación de las herramientas digitales en la innovación educativa,** son:

- Adquirir las habilidades y conocimientos necesarios para utilizar de forma adecuada las herramientas digitales en el ámbito de la innovación educativa.
- Introducir las redes sociales en la dinámica de aula como un recurso educativo más.
- Determinar, en función de la información estudiada, la mejor forma de utilizar los entornos virtuales de aprendizaje en el aula.
- Reconocer la utilidad pedagógica de las webblogs en el aula.
- Identificar el valor didáctico de las wikis en el ámbito educativo.
- Implementar las plataformas *e-learning* como herramienta educativa en el proceso de enseñanza-aprendizaje.

Unidad de aprendizaje 1

Las redes sociales

Contenido

1. Introducción
2. Las redes sociales aplicadas a la educación
3. Servicios y tipos de redes sociales
4. Análisis y utilización de las redes sociales como innovación en el contexto educativo
5. Privacidad, intimidad y protección
6. Realización de un esquema en el que se establezcan las diferentes medidas para garantizar la privacidad, intimidad y protección en las redes sociales
7. La legalidad de los contenidos y las nuevas tipologías de propiedad intelectual
8. Investigación y análisis de casos de éxito en las redes sociales
9. Lectura documental sobre los beneficios que provocan las redes sociales en la educación
10. Búsqueda de información en internet sobre casos de proyectos innovadores en educación. Puesta en común a través del foro
11. Elaboración de un dosier donde se recopilen las diferentes páginas web que nos sirven como recurso para ampliar información
12. Resumen

Objetivos

El objetivo general de esta Unidad de Aprendizaje es:

- → Introducir las redes sociales en la dinámica de aula como un recurso educativo más.

Los objetivos específicos de esta Unidad de Aprendizaje son:

- → Identificar las características, funciones y tipos de redes sociales más comunes.
- → Diferenciar entre red social, *social media* y *comunidad virtual.*
- → Reconocer el papel de los docentes y estudiantes en el uso de las redes sociales como instrumento didáctico.
- → Comprobar la utilidad de las redes sociales como recurso didáctico.
- → Implementar las medidas necesarias para mantener el derecho a la intimidad y la privacidad en el uso de las redes sociales.
- → Utilizar los requisitos legales, y sobre propiedad intelectual, requeridos en la creación de contenidos.

1. Introducción

La expansión de internet a finales de los años noventa dio como resultado lo que hoy día se conoce como web 2.0, y, con ella, la necesidad de organización y agrupación de las comunicaciones.

Las interacciones virtuales estaban a la orden del día, y sacarles partido fue el objetivo de muchas grandes compañías. Ahí surgieron las redes sociales.

Con los años, estas comunidades se han extendido y han abarcado cualquier ámbito de la sociedad: político, económico, religioso, cultural y, por supuesto, educativo, entre otros muchos.

Sin embargo, desde el área educacional, la óptica con la que se observaban las redes sociales no era precisamente benevolente. Y es que, hasta hace relativamente poco tiempo, estas comunidades se consideraban un enemigo más que un amigo.

A pesar de esta mala relación, alguien pensó: "Si nuestros estudiantes las usan a todas horas... ¿por qué no emplearlas para acercarnos a ellos?". Aquí llegó la reinvención docente para implementar las redes sociales como un elemento más de la innovación educativa.

Para alcanzar ese objetivo, es muy importante conocer las posibilidades que las redes nos ofrecen, y precisamente en ese aspecto se centra la unidad que nos ocupa.

En este camino nos acompañará Mireia, una tutora de 3.º de la ESO, y docente de Lengua Castellana y Literatura. Tiene más de quince años de experiencia a sus espaldas, y se ha dado cuenta de que, desde hace cinco, no consigue llegar a su alumnado, ni personal ni educativamente. Ha probado de todo, sin éxito ninguno, y su frustración va en aumento cada día que pasa.

2. Las redes sociales aplicadas a la educación

Mireia ha decidido quemar un último cartucho y se ha puesto manos a la obra para reinventarse como docente. La innovación educativa está a la orden del

Continúa en página siguiente >>

<< Viene de página anterior

día, y quizá eso es lo que falta en sus rutinas, más innovación. Para ello, ha empezado por entender el mundo de las redes sociales.

Hablar de redes sociales es hacer mención a algo realmente conocido por todos nosotros. Como es evidente, al nombrarlas se nos vienen a la mente todas las que conoces: Facebook, Twitter, LinkedIn, TikTok o Instagram, entre otras muchas.

Desde hace unos años, estas aplicaciones forman parte de nuestro día a día y, en muchas ocasiones, se han vuelto indispensables a la hora de buscar trabajo, comunicarnos con algunas personas e incluso compartir información.

Redes sociales
Son lugares virtuales en los que se encuentran usuarios y organizaciones con la finalidad de comunicarse.

Sin embargo, esta invención no es reciente. La idea de red social ya surgió en las ramas más innovadoras de la sociología, con la intención de definir las interacciones que, entre personas, grupos, y sociedades al completo, se producían a finales del siglo XIX.

Veamos cómo han ido evolucionando.

2.1. Evolución de las redes sociales

La primera red social, como tal, surgió en **1997** y fue **SixDegrees.com.**

Su inventor fue Andrew Weinreich, y su creación era más parecida a un listín telefónico que a una red social.

A fin de cuentas, Six Degrees se limitaba a conectar a un usuario con las personas que conocía, y con los conocidos de estos. Lo mismo ocurría con ese grupo y el siguiente, y así sucesivamente.

Para poder identificarse correctamente, cada usuario tenía un perfil de una forma muy similar a la actual, y es que, en realidad, las redes sociales actuales tomaron muchas ideas de Six Degrees.

Desapareció en 2001, y llegó a contar con 3,5 millones de usuarios.

SABÍAS QUE...

Six Degrees (Seis Grados) recibió su nombre de la hipótesis que plantea que cada persona está conectada a otra a través de seis vínculos.

Desde 2000 a 2005 hubo una gran explosión en la creación de redes sociales. De ahí surgieron muchas de las más importantes que existen hoy día, como **MySpace, LinkedIn o Facebook.**

Tanto MySpace como Facebook son redes sociales muy similares. Ambas permiten el contacto con grupos y organizaciones cercanas y el intercambio de material multimedia. Son redes enfocadas al **ocio** y a la **información constante.**

Aunque sigue en uso, la llegada de Facebook provocó que MySpace cayera enormemente en número de usuarios.
Fuente: thelefty / Shutterstock.com

Por su parte, LinkedIn va más allá y, ofreciendo las mismas herramientas, da un giro al convertir su red en algo puramente profesional. De hecho, hoy día, el 87 % de los reclutadores de personal utilizan esta vía para encontrar al candidato idóneo.

A estas las siguió, de **2005 a 2010,** la llegada de **YouTube, Twitter y WhatsApp,** que supusieron una revolución en el entendimiento de las comunicaciones. Ya no se trataba únicamente de hablar de forma asíncrona con las personas y mostrar algunas fotografías; ya todo podía mostrarse y contarse en directo.

IMPORTANTE

WhatsApp permitió que las comunicaciones sincrónicas fueran móviles, o lo que es lo mismo, ya no era necesario estar pegado al ordenador para poder chatear con alguien. Esa opción la ofrecían todas las redes sociales y los chats alojados en internet, pero nunca una red social como tal.

A partir de aquí, y tomando como base estas cinco importantes redes sociales, han surgido muchas más, muy conocidas, como Instagram, TikTok o Pinterest, entre otras.

2002 LinkedIn → 2004 Facebook → 2005 YouTube → 2006 Twitter → 2009 WhatsApp

Nacimiento de las plataformas actuales con mayor peso en el desarrollo de las redes sociales actuales.

ACTIVIDAD COMPLEMENTARIA

1. Aunque existan redes sociales internacionalmente conocidas y usadas, también hay otras de menor tamaño, pero con más éxito a nivel local.

Continúa en página siguiente >>

<< *Viene de página anterior*

Por eso, céntrate en una de ellas, da igual que sea antigua o actual, para ayudar a completar la cronología con la que hemos trabajado en la unidad. Deberás recopilar sus datos más importantes: cuándo surgió, qué funciones tenía, qué permitía compartir, cómo era la comunicación y si sigue en uso o no.

2.2. Características de las redes sociales

Al margen del tipo de red del que se trate, todas poseen características comunes y que deben ser tenidas en cuenta a la hora de trabajar con ellas. Entre ellas, podemos destacar las siguientes:

- **Digitalización:** evidentemente, las redes sociales surgen y se construyen en un medio digital. Sin él, estas comunidades no tendrían razón de ser, puesto que la interacción es puramente virtual.
- **Virtualización de la realidad:** puede considerarse un riesgo de las redes sociales. Este hecho se ha convertido en característica porque se produce frecuentemente. Sucede cuando nos mimetizamos excesivamente con la realidad que en las redes se nos muestra. Esto produce que acabemos viviendo en una realidad virtualizada, o, dicho de otra forma, que desvirtualicemos nuestra propia realidad.
- **Masividad:** las redes sociales más importantes y conocidas cuentan con millones de usuarios registrados. Este hecho tiene un par de implicaciones importantes. Por un lado, que las personas que participan en ellas pueden encontrar a miles de personas con las que contactar, lo que causa un efecto de retroalimentación que hace que no deje de subir el número de registros. Por otro, que esas personas registradas van a ser objetivo directo del contenido que se publique en las redes, sobre todo de la publicidad. Las empresas encargadas de ella son las que mayores beneficios obtienen de esta característica.
- **Conectividad:** la red de conexión global que procura internet, y su enorme adaptabilidad, ha sido aprovechada enormemente por las redes sociales. Estas han sabido cómo estar presentes en todos los dispositivos posibles, llegando hoy día a poder ser utilizadas incluso en relojes y televisiones.
- **Personalización:** lo que hace que las redes sociales sean una experiencia única para los usuarios es su personalización. Esto se consigue mediante el uso de algoritmos que registran nuestras acciones: aquello que nos gusta y lo que no, lo que más buscamos, con quién interactuamos más, los vídeos que vemos, etc. Tras algún tiempo, la red social será capaz de mostrarnos, según registros anteriores, el contenido que sea de mayor agrado para nosotros.

- **Multiusos:** una de las mejores características que tienen las redes sociales es que pueden utilizarse para infinidad de cosas. No se trata únicamente de conectar con personas y tener comunicación virtual con ellas. También es posible estar al día de las noticias, informar de catástrofes y tener al tanto a familiares y amigos de tu estado, se puede buscar información y contenido diverso, publicitar acontecimientos, ventas, y donaciones, entre un sinfín de utilidades más.

2.3. Redes sociales, *social media* y comunidad virtual

Existe cierta confusión con estos tres términos: redes sociales, *social media* y *comunidad virtual*, ya que en muchas ocasiones se toman como sinónimos, sin serlo. A este respecto, cabe establecer ciertas diferencias entre unos y otros términos.

Para comenzar, nos volvemos a situar en la concepción de **redes sociales.**

Las **redes sociales** no dejan de ser estructuras organizativas conformadas por personas y grupos que comparten intereses comunes, por lo que se puede afirmar que su principal objetivo es el de conectar personas.

RECUERDA

Las redes sociales son lugares virtuales en los que se encuentran usuarios y organizaciones con la finalidad de comunicarse.

Ahora bien, si nos centramos en un único interés común para trabajar y debatir sobre él, la red social se transforma en **comunidad virtual.**

DEFINICIÓN

Comunidad virtual
Es un espacio virtual creado con la finalidad de compartir información, opiniones y experiencias sobre un tema concreto.

A diferencia de las redes sociales, la **finalidad** de una comunidad virtual es compartir información, por lo que no se trata únicamente de estar en contacto con personas afines.

Las comunidades virtuales pueden generarse sobre cualquier tema, desde la creación de una asociación hasta la mejora de la productividad en una empresa.

Entre las **características** más destacadas de las comunidades virtuales, se encuentran:

- **Su objetivo es la actividad en torno a un tema.** El interés común de los participantes, es decir, el tema elegido, será lo que motive la creación de la comunidad virtual. Se persigue el aprendizaje continuo sobre él.
  La actividad del grupo es imprescindible.
  Sin la actividad de los miembros, la comunidad caerá en declive. Una comunidad virtual gira en torno a la actividad y, por tanto, sin ella no existe comunidad. Se trata de que todos participen y aporten contenido relevante sobre el tema que les interesa.
- **Los contactos pueden ser conocidos o desconocidos.** Al contrario que en una red social, donde generalmente los contactos son amigos o familiares, aquí el único nexo es el tema en cuestión.
- **El contacto que se persigue es profesional.** Es habitual que, si la comunidad virtual es privada y está debidamente organizada, se cuente ocasionalmente con voces expertas que arrojen luz sobre algunas cuestiones planteadas.
- **Busca el enriquecimiento de sus integrantes.** En línea con lo anterior y explicado en otras palabras; no se crea una comunidad para hacer contactos y socializar, sino que se espera la creación de contactos para ampliar el conocimiento propio.
- **Pueden ser públicas o privadas.** Esta decisión dependerá de muchos factores, pero lo más habitual en las comunidades virtuales de índole

profesional es que sean privadas. Estas requieren credenciales de acceso, y la admisión de un moderador para poder entrar.

- **Sus normas de participación son más rígidas.** Generalmente, hay un mánager o moderador que se encarga de regular la participación y aplicar ciertas normas para mantener un buen tono en la conversación o regular la actividad.
- **La comunicación puede ser sincrónica o asincrónica.** Dependiendo de la herramienta que se utilice para que la comunidad interactúe, la comunicación puede llevarse a cabo en el mismo momento, o, por el contrario, se realiza en diferido.
- **Se pueden crear con diferentes herramientas.** El tipo de comunicación que se establezca estará íntimamente relacionado con la herramienta empleada para crear la comunidad virtual. Así, entre otros, en el caso de la comunicación sincrónica podemos hablar de chats o videollamadas, mientras que, en el caso de la comunicación asincrónica, son frecuentes los foros, wikis, blogs, e incluso redes sociales.

EJEMPLO

Mireia tiene un perfil de Facebook en el que tiene 197 contactos. La gran mayoría son familiares, amigos, conocidos, y algún que otro negocio local. Dada su profesión, entre otras páginas, sigue varias sobre educación, donde se publican recursos gratuitos o se recomiendan webs y bibliografía.

Al margen de esto, Mireia se ha unido a una comunidad virtual de docentes que están formándose en innovación educativa, al igual que ella. Allí pueden debatir sobre los contenidos del curso, hablar sobre cómo implementarlos en sus respectivas aulas, darse soluciones unos a otros, y aportar nuevas ideas. En esta comunidad coincide con dos compañeros de centro, el resto son desconocidos.

Por último, hablamos de social media o medios sociales. Se trata de un concepto muy amplio, que engloba medios de comunicación digitalizados, elementos multimedia y diversas herramientas y aplicaciones de comunicación.

DEFINICIÓN

Social media
Son espacios virtuales cuyo objetivo es la transmisión de información colaborativa.

En otras palabras, los medios sociales persiguen, por un lado, compartir información de forma ininterrumpida, y, por otro, que las personas colaboren en dicha transmisión e interactúen sobre ella.

EJEMPLO

Algunos ejemplos de medios sociales son:

- La versión digital de un periódico, que incluye foros o comentarios abiertos en sus noticias.
- Una cadena de televisión que retransmite en *streaming* por YouTube.
- Una enciclopedia como Wikipedia.
- Y, por supuesto, las plataformas que permiten la divulgación del contenido.

Según esta conceptualización, tanto las **redes sociales** como las **comunidades virtuales** son un **tipo de *social media*.**

APLICACIÓN PRÁCTICA

Hoy, Mireia se ha encontrado en Facebook con una antigua compañera de universidad. Esta le comenta que en Telegram se ha creado una comunidad virtual que habla sobre innovación educativa, y la anima a entrar. Al unirse, hay algo que llama su atención y la hace dudar sobre si realmente se trata de una comunidad virtual. ¿Puedes identificar cuál de estas situaciones es?

Continúa en página siguiente >>

<< Viene de página anterior

- **El grupo se ha creado para hablar sobre innovación educativa.**
- **Hay 39 participantes en el grupo.**
- **El grupo está cerrado a debate y solo puede enviar mensajes su fundador.**
- **Los docentes son de diferentes centros educativos.**

Solución

Si tenemos en cuenta las características de las comunidades virtuales: La actividad del grupo es imprescindible. Sin la actividad de los miembros, la comunidad caerá en declive. Una comunidad virtual gira en torno a la actividad y, por tanto, sin ella no existe comunidad. Se trata de que todos participen y aporten contenido relevante sobre el tema que les interesa.

La situación dada entonces se trata de "El grupo está cerrado a debate y solo puede enviar mensajes a su fundador".

2.4. Cómo se integran las redes sociales en educación

El éxito de las redes sociales educativas radica, principalmente, en el interés que estos espacios despiertan por sí solos en la sociedad actual.

Son herramientas especialmente populares entre los grupos más jóvenes, y eso hace que nos preguntemos qué provoca que los estudiantes quieran usar las redes sociales a todas horas.

En su respuesta encontramos las tres **claves** para integrar las redes sociales en el ámbito educativo:

Son herramientas lúdicas
- Eliminan la rigurosidad que viene caracterizando al proceso de enseñanza-aprendizaje.

Continúa en página siguiente >>

<< Viene de página anterior

Son gratuitas y populares a todos los niveles
- Llegan a niños y adultos, y esto implica además:
- Poder hacer partícipes a las familias.
- Ahorro económico: no hay que comprar licencias.
- Ahorro de tiempo: con casi toda probabilidad las cuentas estén creadas de antemano. Además, los estudiantes dominan las aplicaciones.

Permiten cierto anonimato
- A través del uso de fondos, filtros, e, incluso, la posibilidad de grabar elementos externos y no a las personas. Esto, en muchos casos, es un punto a favor, ya que entre los estudiantes suele haber pudor y reticencia a hablar en público o mostrarse en grabaciones.

Una vez que se es consciente de esta realidad, y se tiene en cuenta para sacar todo el provecho posible a las redes sociales como herramienta educativa, es necesario plantear ciertos **cambios metodológicos, y de roles, dentro del aula.**

En concreto, nos referimos a los siguientes:

- La introducción de metodologías colaborativas en la dinámica de enseñanza-aprendizaje
- El cambio del rol docente
- Y el cambio del rol del estudiante

De todos ellos hablamos a continuación.

Modelos de aprendizaje colaborativo

Al hablar de **aprendizaje colaborativo,** se hace referencia a un conjunto de técnicas con las que el alumnado debe trabajar de manera conjunta para sacar el máximo partido posible a su aprendizaje.

En este sentido, el grupo deberá valerse de las habilidades y recursos de los demás, por lo que una de las principales características de esta metodología es que los grupos formados sean totalmente **heterogéneos.** A este respecto, algunos docentes apuestan por ser ellos mismos quienes creen los grupos de trabajo, asegurándose así de que dicha heterogeneidad realmente se va a producir.

Una buena técnica para establecer las agrupaciones es la publicada por el docente **Aarón Asencio (2018)** en su artículo sobre el aprendizaje cooperativo.

Asencio recoge que, para asegurar que en el grupo de trabajo haya un alumnado muy diverso, suele plantearse formar conjuntos de no más de cuatro integrantes. Así, cada uno de ellos pertenecerá a una de las clasificaciones que él mismo ha elaborado:

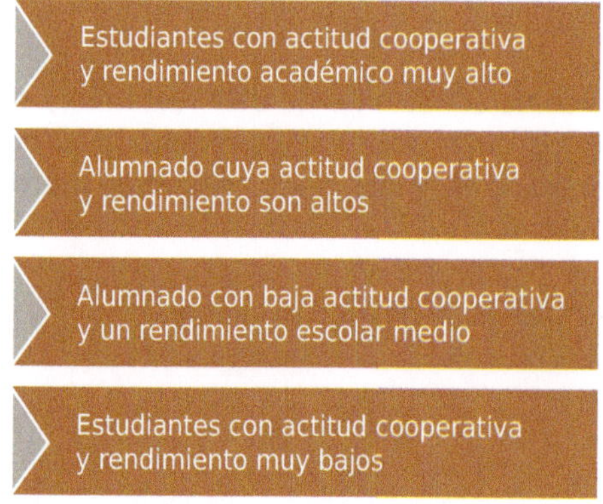

Seguidamente, habrá que plantearse un **objetivo común.** Este es otro de los pilares del aprendizaje colaborativo; si todos los miembros del grupo persiguen la misma meta sin que exista una competición entre ellos, se generará una identidad compartida y se favorecerán las interrelaciones grupales.

También es importante que las tareas se lleven a cabo **dentro del aula y en horario lectivo.** Esto no solo garantizará que el proceso colaborativo lo sea realmente, sino que además facilitará la **evaluación** del docente sobre el grupo, y en torno a cada participante, pudiendo medir así cuál ha sido la implicación de cada uno de ellos en el proyecto.

PARA SABER MÁS

Puedes consultar un artículo donde se recoge una experiencia universitaria de éxito, en la que se usó el aprendizaje colaborativo, accediendo desde aquí:

https://redirectoronline.com/ssce010po0101

Una vez aquí, es necesario hacer una puntualización. Y es que **no será lo mismo realizar una actividad bajo un aprendizaje colaborativo que cooperativo.**

El primero presenta las características mencionadas con anterioridad, y a ello se le suma la condición de que sean los discentes los que dirijan su propio trabajo y decidan qué hacer, cómo ponerlo en marcha y cuándo llevarlo a cabo.

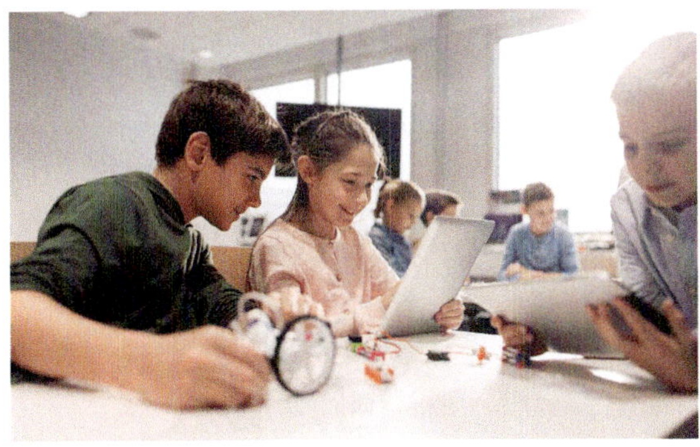

Para establecer un símil conocido por todos, las actividades realizadas con un enfoque cooperativo son parecidas a los trabajos en grupo propuestos en las metodologías más tradicionales.

Por su parte, el **aprendizaje cooperativo** estará organizado por el docente y, aunque se pueden dar casualmente las características anteriores, su enfoque no será el mismo.

Planteado un trabajo grupal, es posible observar las siguientes diferencias entre un enfoque cooperativo y otro colaborativo:

En el trabajo elaborado de manera cooperativa, el docente indicará cuáles serán las partes que lo compongan, las agrupaciones se formarán por sí solas y el objetivo común será entregar el documento, no colaborar para aprender sobre ello (no hay aprendizaje significativo). El documento podrá generarse en el aula o fuera de ella. En este caso, los únicos recursos y habilidades que se podrán emplear son los propios. Finalmente, la evaluación de las actividades cooperativas será solo grupal.

En cuanto a la actividad enfocada de forma colaborativa, una vez planteado el tema o las cuestiones por el docente, serán los estudiantes los encargados de diseñar su estructura. Las agrupaciones, siempre heterogéneas, estarán hechas por el primero. El trabajo se planteará y elaborará en el aula, asegurándose así el proceso. Aquí, todos aprovecharán las habilidades y los recursos del resto. La evaluación será individual y grupal.

Este vídeo publicado en el canal TIC Innovación desarrolla de manera clara y concisa cuáles son las principales diferencias entre el aprendizaje colaborativo y el cooperativo. Accede desde aquí para verlo:

https://redirectoronline.com/ssce010po0102

En cuanto a su **puesta en práctica,** el aprendizaje colaborativo no supone una metodología exclusiva que se aplique en diferentes situaciones. Este modelo en concreto está **compuesto por diversas técnicas** que serán seleccionadas teniendo en cuenta lo que se pretenda trabajar, de qué manera y según las características del alumnado.

En este caso, es reseñable que, al buscar técnicas colaborativas, pueden ocurrir dos cosas: que los resultados nos muestren aquellas creadas por los docentes en función de sus necesidades o que surjan técnicas más reconocidas pedagógicamente. Estas últimas no son más que aquellas aplicaciones del aprendizaje colaborativo que han sido fundamentadas por diversos autores y estudiosos del tema, y cuyos resultados siguen siendo realmente positivos con el paso de los años y a pesar de variar los elementos configuradores del proceso de enseñanza-aprendizaje.

En nuestro caso, nos centraremos en las más empleadas:

- ***Role- playing:*** esta técnica es una de las más conocidas en los entornos educativos. Está basada en la asunción de roles o posiciones de otras personas o colectivos. Al ser una técnica muy abierta, admite muchas interpretaciones y variaciones; desde simular una entrevista, que un alumno asuma el rol del docente, el debate sobre diferentes puntos de vista, etc.
- **Tutoría entra iguales:** es otra de las técnicas más utilizadas de este modelo. Principalmente, se trata de que un alumno que domine ciertos aspectos de una materia, ose los haya preparado previamente, ejerza las funciones de docente en cuanto a transmisión de conocimiento. Su eficacia radica en que este ejercicio se lleva a cabo entre iguale; no existe una relación de autoridad ni presión por no entender el concepto o por la evaluación que sobreviene.
- **Rompecabezas:** la aplicación de aprendizaje colaborativo que nos ocupa se fundamenta en la participación de todos los componentes de manera obligatoria. Cada uno de ellos dispondrá de una parte de la información necesaria para completar la tarea propuesta. Tras el trabajo individual de dichas partes, el grupo se reunirá para poner en común lo extraído de su parte del tema y finalizar la actividad según lo indicado.
- **Lápices al centro:** esta técnica es muy reconocida como dinámica de grupo. Está fundamentada en dos reglas simples: si los lápices que poseen los miembros de grupo que se encuentran en el centro de la mesa, significa que se puede hablar y debatir, pero cuando se levanten de la mesa será para escribir y no se podrá hablar. Para que su funcionamiento sea ordenado, se nombrará a un moderador encargado de establecer los momentos de debate y escritura, así como de transmitir el problema planteado por el docente y sobre el que el grupo tiene que trabajar.
- **El folio giratorio:** en esta actividad se parte de una idea principal del docente, que será escrita en un folio y entregada a cada grupo. Es importante que las frases recogidas en cada papel sean diferentes, puesto que las agrupaciones tendrán que intercambiárselos en algún momento.

Para comenzar, el folio se centrará en la mesa de cada conjunto y se irá girando, indicando así a qué miembro le corresponde hacer su aportación por escrito en él. Cuando todos hayan participado, el papel se intercambiará con el resto de grupos y se repetirá la operación. Al finalizar la actividad, los estudiantes tendrán que poner en común los aspectos clave del tema planteado por el docente, siguiendo lo recogido en el papel tanto por ellos como por sus compañeros.

- **Investigación grupal:** su funcionamiento es el mismo que el llevado a cabo ante la elaboración de un trabajo en grupo, es decir, el mismo que durante el aprendizaje cooperativo. La gran diferencia radica en todo lo que vaya a incluirse en el documento final tendrá que pasar por el filtro del grupo.

ACTIVIDAD COMPLEMENTARIA

2. Identifica, dentro de una dinámica educativa ordinaria, si el tipo de aprendizaje que se está llevando a cabo es colaborativo o cooperativo.

   Para ello, visualiza un pequeño vídeo titulado "Metodología colaborativa en el aula". Observa cómo en el vídeo se habla de ambas metodologías. Para ver el vídeo puedes hacerlo accediendo desde aquí:

https://redirectoronline.com/ssce010po0103

Cambios de roles en las dinámicas de aula

Cuando se trata de apostar por la innovación educativa, existen determinados elementos de la dinámica de aula que deben cambiar por completo.

Ya se habló con anterioridad del tipo de metodología empleada, pero no menos importante es la asunción de nuevos roles por parte de los docentes y de los estudiantes.

Tradicionalmente, el profesorado asumía que tenía el poder y el saber. Lo demostraba a través de métodos puramente magistrales en los que el alumnado tan solo era una vasija receptora del conocimiento que ellos transmitían.

SABÍAS QUE...

Los **métodos magistrales** también se conocen como *lecciones magistrales* o *clases magistrales.*

Es un método docente basado en la transmisión unidireccional de la información, o, lo que es lo mismo, siempre va del profesorado al alumnado, y nunca al revés.

Sin embargo, la investigación pedagógica nos ha demostrado que los cambios de paradigma son necesarios para que la escuela se adapte a los nuevos tiempos y a las demandas sociales actuales y reales.

En este punto se unen métodos y roles, y es que el cambio del primero, sin la modificación de los segundos (o viceversa), no tendrá sentido alguno.

Como se venía diciendo, al hablar sobre aprendizaje colaborativo, el papel del personal docente se ha actualizado para convertirse en un **generador de ideas,** cuyos contenidos serán construidos, con su ayuda, por los estudiantes.

PARA SABER MÁS

El aprendizaje colaborativo parte de una nueva generación de métodos didácticos conocidos como *metodologías activas.*

Estas se caracterizan por que es el alumnado quien tiene un papel proactivo en el proceso, y no solo pasivo y de recepción.

Puedes ampliar información sobre estas metodologías con el artículo de Thinkö Educación, accediendo desde aquí:

Continúa en página siguiente >>

<< Viene de página anterior

https://redirectoronline.com/ssce010po0104

Partiendo de esta simple idea, ya puede entenderse que, ahora, el **protagonista de la educación es el alumnado, y no el personal docente.** Por tanto, la asunción de un nuevo rol no se produce solo en el personal docente, sino también en los estudiantes.

IMPORTANTE

En esta nueva concepción educativa, el resultado del proceso de aprendizaje es la creación del propio conocimiento por parte del alumno. Para ello, atravesará un proceso de búsqueda, análisis e interpretación de la información, junto con sus compañeros.

Los **cambios de roles** que suceden son los siguientes:

- **Docente:**
  - **Generador de conocimiento.** Pero no transmisor de conocimiento. El docente marca el objetivo o el problema que solucionar, pero no indica cómo llegar. Alcanzar ese aprendizaje es labor del estudiante.
  - **Actúa como guía del proceso de enseñanza-aprendizaje.** Orienta a los estudiantes para que el proceso de aprendizaje sea óptimo y eficaz para ellos. En este sentido, se pueden plantear dinámicas o proyectos cuya finalidad sea alcanzar el aprendizaje deseado. Además, el hecho de que sean procesos conocidos facilita la construcción a los alumnos.
  - **Contextualiza la información y la sitúa en la realidad del estudiante.** La idea de transmitir contenidos descontextualizados ha

quedado muy atrás. Lo que se aprende en el aula debe poder aplicarse en la vida real, y, para eso, es el docente quien se encarga de contextualizarlo a través de métodos que fomenten el saber-hacer.

- **Adopta el papel de tutor.** Escuchando y ayudando a los estudiantes, pudiendo así personalizar e individualizar la experiencia educativa.

- Estudiante

  - **Aumenta su autonomía progresivamente.** Al construir su propio aprendizaje, ya no depende de un docente que le diga qué es lo que tiene que saber. Los alumnos deben ser capaces, con el tiempo, de discernir la información que es de su interés y cuál no.
  - **Refuerza la competencia de "aprender a aprender".** El hecho de no recibir el contenido ya creado implica que para su construcción haya que utilizar tanto pensamientos de orden inferior como los de orden superior. Este proceso tiene como resultado el total entendimiento del contenido tratado, además del autoconocimiento del alumno, que trabaja, comprende y se desenvuelve mejor ante las tareas educativas.
  - **Es el eje del proceso de enseñanza-aprendizaje.** En la enseñanza tradicional, el docente era el protagonista de la dinámica educativa. Ahora, es el alumno. Toda la programación del proceso de enseñanza-aprendizaje gira en torno a él, y no en torno a las necesidades y requisitos de los profesores.
  - **El aprendizaje está hecho a su medida.** El alumno, como eje del proceso de enseñanza-aprendizaje, es el que va a crear su experiencia educativa, totalmente personalizada, adaptada a sus necesidades, a su ritmo, y va a llegar a sus propias conclusiones.

TAREA 1

Mireia ya sabe cuáles son los aspectos que favorecen la integración de las redes sociales en el aula, y cuál es el modo de implementarlas. Sin embargo, quiere avanzar algo más y decide poner en práctica una de las técnicas colaborativas que ha aprendido: la tutoría entre iguales.

Dada tu experiencia, te pide asesoramiento para plantear la unidad e integrar algunas redes sociales. Para poder ayudarla, determina cómo realizar la formación de grupos, planificar la actividad y delimitar el papel de Mireia.

Continúa en página siguiente >>

<< *Viene de página anterior*

Antes de tomar ninguna decisión, ten en cuenta los siguientes datos:

- Mireia quiere realizar la actividad durante un mes. Aprovechará que se celebra el nacimiento de Antonio Machado, y puede hacer un proyecto en torno a él.
- El aula en que va a realizar el proyecto consta de veinte estudiantes y la formación de grupos la va a determinar Mireia.
- Cada semana planteará un objetivo sobre el que construir el contenido. En total serán estos: *Campos de Castilla y La guerra,* para la poesía, *Cartas a Pilar,* para la prosa, y *Desdichas de la fortuna,* para el teatro.
- Cada semana se elegirá un tutor para cada grupo, que será un miembro distinto cada vez. Una vez al día tendrá que realizar una función tutorial (asesoramiento, guía, evaluación, etc.) con una red social diferente, para ayudar a sus compañeros a profundizar sobre el tema por tratar. El último día se trabajará en clase en modo de debate, para poner en común qué tal ha ido la experiencia de la semana.
- El trabajo sobre el proyecto se realizará en el aula, donde el tutor-alumno tomará nota del trabajo realizado por los compañeros para poder hacer más adelante las publicaciones.

3. Servicios y tipos de redes sociales

HILO CONDUCTOR

La actividad planteada por Mireia para introducir las redes sociales fue todo un éxito y tuvo muy buena acogida entre sus alumnos. Aun así, detectó que ni ella ni los estudiantes conocen en profundidad las redes sociales como para sacarles el partido que ella esperaba. Dicho de otro modo, no sabía qué podía hacer en cada una de las redes.

Para seguir ampliando nuestro conocimiento sobre las redes sociales, haremos una parada en los servicios o funciones que nos ofrecen las redes, sobre todo en el ámbito educativo, además de analizar los tipos que existen.

Quizá sea más idóneo hablar de funciones educativas de las redes sociales, en lugar de servicios ofrecidos.

Son muchos los autores que han hablado del potencial de estas herramientas en el aula; sin embargo, nosotros nos quedamos con el listado que ofrece **Alcívar (2020):**

- **Favorecen el desarrollo de la competencia digital.** El uso de las redes sociales como recurso educativo permite que estas herramientas sean observadas por los estudiantes como algo más que una simple plataforma donde hablar con amigos y familiares. Además, el hecho de que su utilización sea limitada y responsable educa en el buen uso de las redes sociales.
- **Potencian el aprendizaje social.** Al ser necesario que se empleen metodologías activas, colaborativas y cooperativas, el aprendizaje social está más que servido. Como ya se expuso, el conocimiento se construye entre todos. Esto, inevitablemente, fuerza las interacciones, y favorece el establecimiento de los lazos sociales entre los compañeros de estudio.
- **Eliminan las barreras de aprendizaje.** Al tratarse de aplicaciones que funcionan mediante conexión a internet, se eliminan las posibles barreras de espacio/tiempo. Tanto el aprendizaje como la comunicación se pueden producir de manera sincrónica o asincrónica. Por último, gracias a las posibilidades de accesibilidad que ofrecen, las redes sociales se adaptan a las necesidades individuales de los alumnos.
- **Aumentan el conocimiento de nuevos códigos lingüísticos.** Prácticamente todas las redes sociales emplean terminología propia, además de un sinfín de códigos novedosos. Muchos de ellos se han extrapolado al lenguaje cotidiano y han sido reconocidos por la Real Academia de la Lengua.
- **Mejoran los pensamientos de orden superior.** Ya que, para utilizar las redes, habitualmente debemos ceñirnos a ciertas normas de escritura, limitación de caracteres, uso de abreviaturas, etc. Todo ello implica que se pongan en marcha procesos de análisis y síntesis del lenguaje, que son muy importantes para desarrollar la competencia lingüística.
- **Favorecen la comunicación en todas sus vertientes.** Sobre todo en aquellos estudiantes que son más tímidos o cuya expresión aún está en desarrollo. El hecho de poder permanecer en segundo plano, simplemente grabar la voz y enseñar otros objetivos o presentaciones, e incluso el hecho de hablar a una pantalla sin tener a nadie delante, elimina ciertos temores, a la vez que los dota de mucha seguridad para poder expresarse.
- **Fomentan la motivación de los estudiantes respecto a la actividad.** Tan solo el hecho de utilizar las redes sociales ya supone una motivación por sí sola para los alumnos. Son aplicaciones muy accesibles, extremadamente lúdicas y otorgan la sensación de que la escuela se acerca a los estudiantes, y no al revés.
- **Acercan al alumnado y al profesorado.** El uso de las redes sociales por parte de los docentes, en cierto modo, los humaniza a los ojos de su

alumnado. Si además pueden interactuar con ellos, como si de un compañero más se tratara, el acercamiento está asegurado.

- **Centralizan las actividades.** Cuando se decide implementar las redes sociales en el aula, inmediatamente se accede a la posibilidad de centralizar todas las tareas y actividades en ellas. Ejercicios, cuestionarios, tutorías, evaluaciones, e incluso explicaciones a lo *flipped classroom.*
- **Contribuyen a la formación integral de la persona.** Es cierto que la competencia digital es una de las que más se trabaja con las redes sociales; sin embargo, sus posibilidades son tantas que la formación que reciben los estudiantes es integral. *Grosso modo,* planteamos algunos ejemplos: cálculos matemáticos para poder realizar vídeos y que sean admitidos por la plataforma, síntesis lingüística para que los caracteres quepan en el mensaje, capacidad artística para elaborar contenido, desarrollo de la competencia de "aprender a aprender" en cualquiera de las circunstancias autónomas que se dan y mejora de las habilidades sociales y cívicas al trabajar de forma colaborativa con los compañeros.

SABÍAS QUE...

Flipped classroom, o aula invertida, es una metodología muy innovadora en la que la dinámica tradicional del aula se transforma. Con ella, se propone que la preparación del contenido se haga fuera de clase, en remoto. En consecuencia, las actividades, repasos y resolución de dudas se desarrollan durante el tiempo que transcurre dentro del centro educativo.

3.1. Tipos de redes sociales

Estamos habituados a hablar de las redes sociales como si solo existiera un tipo. Ahora bien, si nos paramos a pensar en ellas, no todas son iguales: actúan en diferentes ámbitos, tienen distintos objetivos, albergan contenidos diversos, no siempre se dirigen al mismo público y, por supuesto, no ofrecen las mismas funciones.

Normalmente, los usuarios de redes sociales no nos limitamos a utilizar solo una. Es común que estemos registrados en varias, y que las usemos en función de lo que queramos conseguir a través de ellas. Fuente: rvlsoft / Shutterstock.com

Estos aspectos tan dispares de las redes sociales dan lugar a que puedan establecerse varias agrupaciones en torno a ellas. Las más habituales son las que siguen.

Según su objetivo

Al hablar de objetivos, nos referimos al **tipo de uso** que se le da a la red social, o, lo que es lo mismo, con **qué finalidad** se utilizan.

Hay **cuatro tipos de redes** en función de su objetivo:

1. **De relaciones**
   - Es la red social destinada a conectar con personas y relacionarse de forma "ociosa", es decir, sin buscar relaciones íntimas, profesionales o de cualquier otra índole. Una de las más conocidas es Facebook.

2. **De entretenimiento**
   - Se idean para consumir contenido, o, lo que es igual, publicar y ver fotos o vídeos. Entre ellas destacan YouTube y Pinterest.

Continúa en página siguiente >>

<< Viene de página anterior

3

Profesionales

- Su finalidad es crecer profesionalmente y establecer contactos con ese objetivo. En lugar de presentar fotografías o vídeos, se muestra el *curriculum vitae* y contenido profesional creado por los usuarios. La más conocida es LinkedIn.

4

De nicho

- Son aquellas enfocadas a publicar contenido específico sobre un tema. En ellas, los usuarios colaboran dando opiniones o proponiendo ideas nuevas. Un gran ejemplo es TripAdvisor, cuyo nicho es el sector turístico.

ACTIVIDAD COMPLEMENTARIA

3. En el texto anterior, se han expuesto algunos ejemplos sobre los tipos de redes más utilizados en función de su objetivo o la finalidad con la que se utilizan. Realiza un trabajo de investigación para encontrar, al menos, una red más de cada categoría.

Según su plataforma

Es una clasificación muy particular y técnica.

Se pueden dar **dos tipos de red social:**

Metaverso

- Son redes que requieren de una conexión cliente-servidor para poder funcionar.

Web

- Estas redes se configuran según la estructura habitual de internet.

Según su público

Dependerá de qué haga que los usuarios se congreguen en una red social.

Pueden ser:

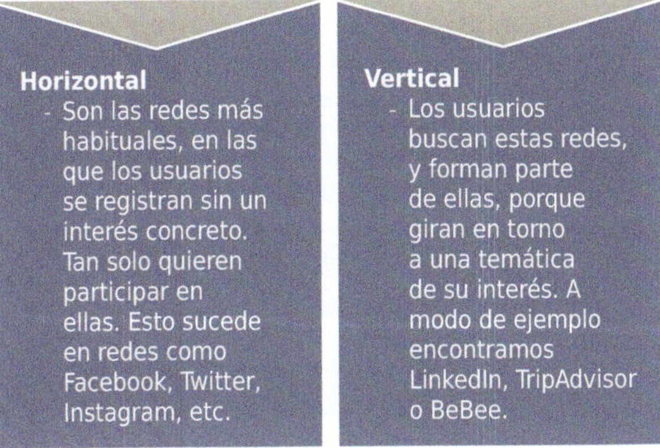

4. Análisis y utilización de las redes sociales como innovación en el contexto educativo

HILO CONDUCTOR

Una vez que Mireia ha ubicado, conceptualmente, las redes sociales, se plantea cómo puede trabajar con ellas, qué posibilidades les ofrecen a sus estudiantes y cómo pueden ayudarla para alcanzar su objetivo.

La innovación en el aula pasa, necesariamente, por la introducción de elementos tecnológicos en el entorno educativo.

Dichos elementos pueden observarse desde tres ópticas:

TEP

- Son tecnologías del empoderamiento y la participación. Eliminan las barreras espaciales y temporales durante la formación, y aumentan la capacidad de participación e interacción entre la comunidad educativa. Como, por ejemplo, aquellas que permiten la realización de videollamadas, las plataformas LMS, e-books, y similares.

TIC

- Tecnologías de la información y la comunicación. Facilitan el acceso de la comunidad educativa a la información contenida en la red. Hablamos de ordenadores, acceso a internet, dispositivos móviles, etc.

AC

- Son tecnologías del aprendizaje. Se trata de instrumentos empleados para crear, trabajar y difundir contenidos didácticos. A modo de ejemplo podemos hablar de webs para crear proyectos y tareas, wikis, vídeos, blogs, etc.

APLICACIÓN PRÁCTICA

Durante la formación, Mireia se queda bastante pensativa cuando descubre los tres tipos de tecnologías que predominan en educación. No evita tener que hacerse esta pregunta: ¿en cuál de los tres tipos encajarán las redes sociales?

Solución

Son TIC porque las redes sociales permiten el acceso a información y a la comunicación. Son TAC porque con ellas se pueden crear, trabajar y difundir contenidos. Y también son TEP porque, gracias al tipo de comunicación que permiten, eliminan las barreras de espaciales y temporales durante la formación.

Evidentemente, las redes sociales forman parte de estos tres grupos tecnológicos. Sabemos que dan acceso a la información, que permiten la divulgación de los contenidos y que facilitan la comunicación sincrónica y asincrónica.

En consecuencia, ya partimos con ventaja a la hora de plantearnos qué hacer con ellas, o, lo que es lo mismo, delimitar cuáles son sus **aplicaciones didácticas en el aula.**

Analicemos los posibles usos de las redes sociales más empleadas.

4.1. X

X es una red social con formato de microblog.

SABÍAS QUE...

El microblogging es un servicio mixto entre mensajería instantánea y publicación en redes sociales. Se trata de mensajes cortos, en los que se limitan los caracteres que se pueden enviar (entre 120 y 280), que se publican en un microblog o red social.

También se conoce como nanoblogueo, y puede llevarse a cabo a través de webs, mensajería instantánea, SMS o aplicaciones similares.

Principalmente, se emplea para acceder y compartir información, llegando a crear grandes tendencias mediante el uso de *hashtags.*

Permiten la inserción de elementos multimedia como fotografías, vídeos y enlaces a web mediante URL. Estos pueden acompañarse de descripciones y comentarios limitados por 280 caracteres.

En cuanto a sus aplicaciones en el aula, encontramos las siguientes:

- **Búsqueda de información:** X es un gran proveedor de información y contenidos creados por otros usuarios. Prácticamente cualquier dato puede encontrarse allí. Eso sí, habrá que tener ojo avizor con las *fake news,* y analizar adecuadamente los resultados de la búsqueda.
- **Creación de un perfil de aula:** bien para narrar a modo de bitácora lo hecho en el aula, bien para proponer actividades, realizar evaluaciones o poner en marcha cualquier proyecto a través de esta red.

- **Mejora de la comunicación escrita y la capacidad de síntesis:** resume la lectura en 280 caracteres o realiza una exposición mediante un hilo de X. Es todo un reto.
- **Creación de comunidades:** utilizando los *hashtags* se pueden agrupar los tuits de los participantes en la dinámica de aula propuesta a través de esta red.
- **Realización de debates:** partiendo del punto anterior sobre la creación de comunidades, es posible llevar a cabo jornadas de debate, por ejemplo, sobre el asunto de mayor tendencia del día. El moderador, por supuesto, será el perfil del aula (docente).
- **Aprendizaje de idiomas:** igualmente, se puede desarrollar la expresión en un idioma extranjero, por ejemplo, buscando una noticia en esa lengua, y compartiéndola junto con un pequeño resumen también en el mismo idioma.

LinkedIn

Es la red social profesional por excelencia, ya que la comunicación directa entre empleador y empleado resulta de lo más satisfactoria para sus usuarios.

En ella no se suele compartir la información habitual, sino más bien reflexiones y contenidos que los profesionales estiman que son de utilidad.

Entre sus utilidades están:

Creación de currículums
- Son muchos los currículums que, obviamente, circulan por esta red. Tomar algunos como ejemplo para acercarse a las tendencias actuales es un gran ejercicio.

Análisis del mercado laboral
- Es especialmente beneficioso para aquellos estudiantes que están a las puertas de elegir su itinerario formativo. Profundizando en LinkedIn, podrán resolver sus dudas, contactar con expertos y hacerse una idea de qué les conviene con vistas a un futuro.

Investigación sobre los perfiles más demandados
- No se trata solo de que busquen, por ejemplo, médicos, sino qué perfil profesional debe tener dicho profesional: haber obtenido la especialidad en pediatría, tres años de experiencia, haber hecho la residencia en un centro concreto, dominar ciertos idiomas o programas específicos, etc.

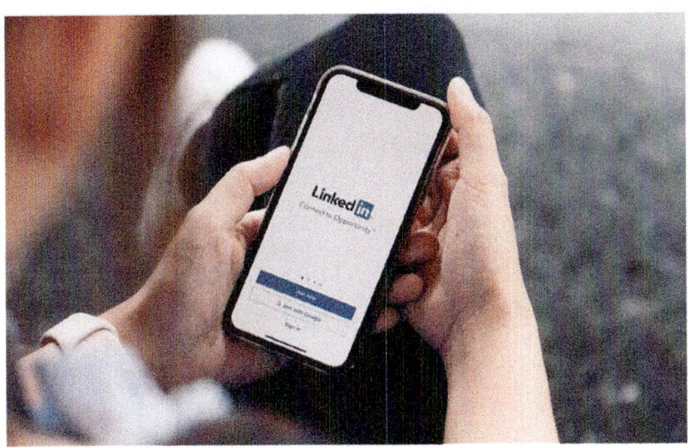

Fuente: Natee Meepian / Shutterstock.com

4.2. Instagram

Junto con Facebook, es otra de las redes más utilizadas por adultos y adolescentes.

Está enfocada al consumo de información, sobre todo fotografías y vídeos, pero aun así se pueden crear pequeñas dinámicas con ella:

Creación de álbumes

- Se llenarán de fotografías realizadas por los estudiantes durante el transcurso de una actividad o dinámica de aula, pudiendo resumirla de este modo.

Directos

- Es una actividad especialmente pensada para fomentar el debate. Un estudiante se prepara un tema, lectura o proyecto, y lo expone a través de un vídeo directo en la red social. En él solo podrán participar sus compañeros y docentes, previa invitación. A través de los comentarios y las respuestas dadas por el protagonista, podrán hacer reflexiones y debatir.

Historias

- Se pueden utilizar las historias de Instagram para hacer pequeños resúmenes, resolver dudas, crear cuestionarios, píldoras de aprendizaje, e incluso promover el *feedback* con el alumnado preguntando si ha gustado la sesión de ese día o no. También se podrán establecer cuentas atrás para eventos o exámenes, y colgar los mejores momentos del día. Las herramientas de las historias ofrecen un amplio abanico de posibilidades en su implementación en el aula.

Continúa en página siguiente >>

<< Viene de página anterior

Análisis de otros perfiles

- Dada la cantidad de información que las empresas, *influencers* y organizaciones suben a Instagram, su contenido es susceptible de ser utilizado. Igualmente, se podrán analizar imágenes corporativas, anuncios, campañas de publicidad, sorteos, aspectos éticos, etc.

4.3. TikTok

La popular red china, TikTok, alcanzó una gran popularidad en España desde que se sucedieran distintos confinamientos a causa de la aparición de la COVID-19, en el año 2020.

SABÍAS QUE...

Un estudio reciente de la Universidad de Valencia afirmó que los beneficios de utilizar TikTok en el aula eran superiores a los riesgos que podían producirse.

Dicho estudio se realizó en torno a la expresión corporal.

Entre sus aplicaciones educativas destacan las siguientes:

- **Lanzar un *challenge*:** los retos o *challenges* son de las actividades más seguidas por los adolescentes en TikTok. Bajo un *hashtag*, se pueden subir los vídeos de los estudiantes que participen en él. En cuanto a la temática, cualquier idea es posible: resolver un problema matemático en menos de un minuto, inventar una coreografía para la clase de Educación Física o recitar un trabalenguas sin equivocarse son algunas actividades divertidas que pueden incluirse.
- **Seguir cuentas educativas:** son muchos los docentes que aprovechan el alcance de esta red para crear píldoras educativas y resolver dudas frecuentes, crear material de apoyo o explicar conceptos dificultosos.
- **Trabajar la inteligencia emocional:** recreando situaciones que afecten a las emociones, y enfatizándolas con el uso de filtros.
- **Enseñar procesos y resultados de aprendizaje:** grabando las etapas de un proyecto, la repartición de tareas, el día a día del aula o cómo realizar un experimento.

- **Clases en directo:** no solo del docente hacia los alumnos, sino implementando la tutoría entre iguales, la coordinación de equipos, realizando evaluaciones e incluso presentando trabajos, exposiciones, y creando debates como en el caso de Instagram.

4.4. YouTube

Posiblemente, sea la plataforma más conocida a nivel mundial, y también una de las más utilizadas en el ámbito educativo.

YouTube ofrece infinidad de posibilidades, independientemente de cuál sea la etapa educativa en la que se trabaje.

IMPORTANTE

Para evitar que cierto contenido no deseado se cuele durante el desarrollo de las sesiones en el aula, es fundamental que previamente configuremos los ajustes de control parental, privacidad y protección necesarios.

Para potenciar su visibilidad en los centros educativos, YouTube sacó una versión educativa de su aplicación, denominada **YouTube Edu.** Con el tiempo, esta sección pasó a convertirse en una canal oficial de YouTube al que poder suscribirse, llamado **Aprendizaje.**

Aquí se encuentran recopilados todos los vídeos de índole educativa o pedagógica que se encuentran en la plataforma.

Siguiendo su algoritmo, YouTube te los mostrará agrupados en materias, pero siempre en función de aquellos que más se acerquen a tus intereses.

PARA SABER MÁS

Accede al canal YouTube Aprendizaje desde aquí:

Continúa en página siguiente >>

<< Viene de página anterior

https://redirectoronline.com/ssce010po0105

En cuanto a sus aplicaciones didácticas, nos centraremos en aquellas que mayores posibilidades ofrecen:

- **Creación de un canal:** similar a los perfiles de aula de los que hemos hablado con anterioridad. Allí se podrán crear categorías para realizar diferentes actividades.
- **Elaboración de vídeos:** las posibilidades son infinitas: introducir, *flipped classroom,* presentar trabajos o proyectos, resolver dudas de los alumnos, crear guías de trabajo, hacer bitácoras de aula, usar los vídeos como apoyo a la información tratada en el aula, etc.
- **Shorts:** son como las historias de Instagram, pero en YouTube. Eso sí, esta aplicación ofrece menos herramientas para incluir en los vídeos. Aun así, siempre se nos viene a la cabeza que la capacidad de análisis y síntesis se trabajan especialmente bien de esta forma.
- **Visualización de vídeos:** como apoyo a las materias, para incluir explicaciones visuales, en el aprendizaje de idiomas o para generar debate.

TAREA 2

Mireia está entusiasmada con la cantidad de ideas que tiene ahora para poder utilizar las redes sociales en el aula. Tanto que le va contando su nuevo descubrimiento a todos los compañeros que se cruzan por su camino.

Lola, la profe de Inglés, se ha interesado especialmente. Está empezando con los verbos irregulares en 1.º de la ESO, y quería "montar algo original para el alumnado". Así que le propone a Mireia verse a la hora del desayuno por si puede darle alguna idea.

Continúa en página siguiente >>

<< Viene de página anterior

Con estos datos, y teniendo en cuenta que Lola usa con frecuencia la *app* de TikTok, describe dos actividades que Lola pueda llevar a cabo mediante esta red.

5. Privacidad, intimidad y protección

HILO CONDUCTOR

En el centro educativo de Mireia son conscientes de la importancia de proteger la intimidad de sus estudiantes, y más aún teniendo en cuenta que una gran mayoría son menores de edad.

Hoy día dejamos una huella digital prácticamente desde que nacemos, lo cual, observado desde el punto de vista de la protección de la privacidad y la intimidad, es algo peligroso.

Esto cobra aún mayor importancia cuando de infancia se trata, y, por ese motivo, cualquier centro educativo que trabaje vía internet con sus estudiantes tendrá que estar bien seguro de que los está protegiendo contra cualquier tipo de vulnerabilidad.

En este sentido, se tendrá en cuenta la protección del menor, y de la comunidad educativa en general, desde dos perspectivas. Por un lado, el mantenimiento de la privacidad, y, por otro, la protección de los datos personales de la comunidad educativa.

5.1. La privacidad en las redes sociales

La privacidad de un usuario de redes sociales tiene que mantenerse por **dos vías:**

- **Ser cuidadoso con los datos que se muestran de forma pública en las redes:**

- **Datos básicos pero peligrosos:** generalmente, se desaconseja poner nombres y apellidos completos (mejor nombre de pila), fecha de nacimiento, número de teléfono, y datos que, en general, no aportan demasiado al perfil de la red social, pero pueden ser peligrosos en las manos incorrectas.
- **Datos que nunca deben proporcionarse:** como es evidente, jamás deben proporcionarse datos como contraseñas, números de cuentas bancarias, dirección, DNI o similares.

- **Analizar los ajustes de privacidad:**

  - **Perfil privado:** si la red social se va a utilizar para trabajar en el aula y, por tanto, con un círculo cerrado, lo ideal es que el perfil sea privado.
  - **Supervisión adulta:** no podemos olvidar que el uso de las redes sociales en menores siempre debe estar supervisado por adultos.

PARA SABER MÁS

Puedes consultar un artículo de LetsFamily sobre la protección de los menores en las redes sociales, accediendo aquí:

https://redirectoronline.com/ssce010po0106

Para trabajar con redes sociales, es recomendable informar a las familias del alumnado, y solicitar cuantos permisos sean necesarios.

Además, en caso de que se trabaje con menores de edad, es recomendable no publicar fotografías suyas en las redes sociales. En caso de hacerlo, aunque se haya obtenido el permiso paterno, es preferible cubrirles el rostro.

Los ciberdelincuentes pueden causar daños enormes con muy pocos datos de la persona. Además, tienen la capacidad de poder entrar en los equipos personales y extraer información sensible.

5.2. La protección de datos personales

Sobre la protección de datos, debemos resaltar **dos normas** de especial importancia. Por un lado, el **Reglamento General de Protección de Datos,** de carácter europeo y vigente desde 2016, y, por otro, su concreción española, que es la **Ley Orgánica 3/2018.** Sobre ambas hablaremos a continuación.

Comenzamos este apartado haciendo especial hincapié en el **tratamiento de los denominados datos sensibles,** que queda literalmente **prohibido** en el artículo 9 del Reglamento (UE) 2016/679 del Parlamento Europeo y del Consejo, de 27 de abril de 2016, relativo a la protección de las personas físicas en lo que respecta al tratamiento de datos personales y a la libre circulación de estos datos y por el que se deroga la Directiva 95/46/CE.

Siguiendo este documento, se consideran **datos especiales** los que siguen:

- **Datos que revelan el origen étnico o racial:** lugar de nacimiento, origen de sus progenitores, y similares.
- **Las opiniones políticas:** ideología, afiliación, participación o asociación a partidos políticos u organizaciones relacionadas.
- **Las convicciones religiosas o filosóficas:** creencias, doctrinas o corrientes que siga el interesado, con las que está de acuerdo o en las que participa.
- **La afiliación sindical:** pertenencia a sindicatos, representación o portavocía de trabajadores.
- **Los datos biométricos:** es la información biológica que ayuda a identificar, sin error alguno, a una persona. Son habituales las pruebas de ADN, huellas dactilares, muestras dentales, etc.

- **Los datos relativos a la salud:** información sobre enfermedades, vacunaciones, analíticas, intervenciones, y todo lo relacionado con el ámbito sanitario.
- **Los datos relativos a la vida sexual u orientación sexual de una persona:** número de parejas, género de las parejas, género del interesado, etc.

En caso de que dichos datos deban recogerse, siempre con el consentimiento previo del interesado, será necesario que un profesional se haga cargo de esta tarea.

En este sentido, la Ley Orgánica 3/2018, de 5 de diciembre, de Protección de Datos Personales y garantía de los derechos digitales subraya el papel de las **autoridades autonómicas** con competencia en esta materia, así como de la **Agencia Española de Protección de Datos.**

Las primeras tendrán **potestad** en (L. O. 3/2018):

- **Tratamientos de datos dependientes de las entidades integrantes del sector público de la C. A. correspondiente:** tratamientos de los que sean responsables las entidades integrantes del sector público de la correspondiente comunidad autónoma o de las entidades locales incluidas en su ámbito territorial o quienes presten servicios a través de cualquier forma de gestión directa o indirecta.
- **Tratamientos de datos llevados a cabo por personas físicas o jurídicas:** tratamientos llevados a cabo por personas físicas o jurídicas para el ejercicio de las funciones públicas en materias que sean competencia de la correspondiente Administración autonómica o local.
- **Otros tratamientos de datos:** tratamientos que se encuentren expresamente previstos, en su caso, en los respectivos estatutos de autonomía. En cuanto a la Agencia Española de Protección de Datos, esta entidad se encargará de supervisar la labor de las autoridades autonómicas, informarlas, construir grupos de trabajo y, en definitiva, de llevar a cabo todas aquellas acciones que sean requeridas para que exista una buena cooperación entre ambas.

PARA SABER MÁS

Puedes consultar el Reglamento (UE) 2016/679 del Parlamento Europeo y del Consejo, de 27 de abril de 2016, relativo a la protección de las personas físicas

Continúa en página siguiente >>

<< Viene de página anterior

en lo que respecta al tratamiento de datos personales y a la libre circulación de estos datos y por el que se deroga la Directiva 95/46/CE, accediendo desde aquí:

https://redirectoronline.com/ssce010po0107

Por último, es necesario citar algunos de los derechos de los usuarios garantizados en el título X de la Ley Orgánica 3/2018.

Entre ellos destacamos:

- **Protección de los menores en internet:** los padres, madres, tutores, curadores o representantes legales procurarán que los menores de edad hagan un uso equilibrado y responsable de los dispositivos digitales y de los servicios de la sociedad de la información a fin de garantizar el adecuado desarrollo de su personalidad y preservar su dignidad y sus derechos fundamentales.
  La utilización o difusión de imágenes o información personal de menores en las redes sociales y servicios de la sociedad de la información equivalentes que puedan implicar una intromisión ilegítima en sus derechos fundamentales determinará la intervención del Ministerio Fiscal, que instará las medidas cautelares y de protección previstas en la Ley Orgánica 1/1996, de 15 de enero, de Protección Jurídica del Menor (LO 3/2018, artículo 84).
- **Derecho a la educación digital:** el sistema educativo garantizará la plena inserción del alumnado en la sociedad digital y el aprendizaje de un consumo responsable y un uso crítico y seguro de los medios digitales y respetuoso con la dignidad humana, la justicia social y la sostenibilidad medioambiental, los valores constitucionales, los derechos fundamentales y, particularmente, con el respeto y la garantía de la intimidad personal y familiar y la protección de datos personales. Las actuaciones realizadas en este ámbito tendrán carácter inclusivo, en particular en lo que respecta al alumnado con necesidades educativas especiales.
  Las Administraciones educativas deberán incluir en el desarrollo del currículum la competencia digital a la que se refiere el apartado anterior, así

como los elementos relacionados con las situaciones de riesgo derivadas de la inadecuada utilización de las TIC, con especial atención a las situaciones de violencia en la red.

El profesorado recibirá las competencias digitales y la formación necesaria para la enseñanza y transmisión de los valores y derechos referidos en el apartado anterior.

Los planes de estudio de los títulos universitarios, en especial aquellos que habiliten para el desempeño profesional en la formación del alumnado, garantizarán la formación en el uso y seguridad de los medios digitales y en la garantía de los derechos fundamentales en internet. Las Administraciones públicas incorporarán a los temarios de las pruebas de acceso a los cuerpos superiores y a aquellos en que habitualmente se desempeñen funciones que impliquen el acceso a datos personales materias relacionadas con la garantía de los derechos digitales y en particular el de protección de datos (L. O. 3/2018, artículo 83).

- **Protección de datos de los menores en internet:** los centros educativos y cualesquiera personas físicas o jurídicas que desarrollen actividades en las que participen menores de edad garantizarán la protección del interés superior del menor y sus derechos fundamentales, especialmente el derecho a la protección de datos personales, en la publicación o difusión de sus datos personales a través de servicios de la sociedad de la información.

  Cuando dicha publicación o difusión fuera a tener lugar a través de servicios de redes sociales o servicios equivalentes deberán contar con el consentimiento del menor o sus representantes legales, conforme a lo prescrito en el artículo 7 de esta ley orgánica (L. O. 3/2018, artículo 92).
- **Derecho al olvido en servicios de redes sociales y servicios equivalentes:** toda persona tiene derecho a que sean suprimidos, a su simple solicitud, los datos personales que hubiese facilitado para su publicación por servicios de redes sociales y servicios de la sociedad de la información equivalentes.

  Toda persona tiene derecho a que sean suprimidos los datos personales que le conciernan y que hubiesen sido facilitados por terceros para su publicación por los servicios de redes sociales y servicios de la sociedad de la información equivalentes cuando fuesen inadecuados, inexactos, no pertinentes, no actualizados o excesivos o hubieren devenido como tales por el transcurso del tiempo, teniendo en cuenta los fines para los que se recogieron o trataron, el tiempo transcurrido y la naturaleza e interés público de la información.

  Del mismo modo deberá procederse a la supresión de dichos datos cuando las circunstancias personales que en su caso invocase el afectado evidenciasen la prevalencia de sus derechos sobre el mantenimiento de los datos por el servicio.

Se exceptúan de lo dispuesto en este apartado los datos que hubiesen sido facilitados por personas físicas en el ejercicio de actividades personales o domésticas.
En caso de que el derecho se ejercitase por un afectado respecto de datos que hubiesen sido facilitados al servicio, por él o por terceros, durante su minoría de edad, el prestador deberá proceder sin dilación a su supresión por su simple solicitud (L. O. 3/2018, artículo 94).

PARA SABER MÁS

Consulta la Ley Orgánica 3/2018, de 5 de diciembre, de Protección de Datos Personales y garantía de los derechos digitales desde el BOE, accediendo desde aquí:

https://redirectoronline.com/1byom

6. Realización de un esquema en el que se establezcan las diferentes medidas para garantizar la privacidad, intimidad y protección en las redes sociales

HILO CONDUCTOR

En el centro educativo de Mireia han estudiado los posibles riesgos que corren los menores al usar las redes sociales. Una de las decisiones que han tomado es la de hacer circular por el centro toda la información extraída en torno a la protección de su privacidad e intimidad.

La mejor manera de tener claro cómo prevenir los posibles riesgos causados por una exposición indebida de los datos personales es la información.

Como todas las medidas que son de aplicación ya han sido expuestas, os mostramos a continuación una pequeña tabla resumen para concentrarlas todas.

Garantizar la protección	Garantizar la privacidad	Garantizar la intimidad
Utilizando datos muy básicos, y nunca completos. Jamás deben proporcionarse datos como contraseñas, números de cuentas bancarias, dirección, DNI o similares. Informar a las familias de los alumnos. Solicitar cuantos permisos sean necesarios, tanto para utilizar las redes sociales como para la recogida y tratamiento de datos sensibles. No aceptar a desconocidos. Los datos sensibles debe tratarlos un profesional.	La privacidad está regulada en el Reglamento General de Protección de Datos. Los datos sensibles no pueden tratarse. Mantener la cuenta de red social en modo privado. Acceder a los ajustes de privacidad de la red social y configurarlos para correr el menor riesgo posible.	No exponiendo datos sensibles como: Origen étnico o racial Opiniones políticas Convicciones religiosas o filosóficas Afiliación sindical Biometría Salud Vida y orientación sexual Limitando los datos mostrados públicamente.

7. La legalidad de los contenidos y las nuevas tipologías de propiedad intelectual

HILO CONDUCTOR

El mejor modo de utilizar las redes sociales como recurso didáctico es personalizando lo máximo posible la experiencia educativa, tanto la del personal docente como la del alumnado. Una parte importante de dicha experiencia viene marcada por los contenidos que se trabajan.

Probablemente, si echamos la vista atrás, los recuerdos que tenemos de nuestros profesores son con un libro de texto en la mano. Si alguno de ellos era especialmente creativo, aparecía con una fotocopia, un vídeo o una presentación en *PowerPoint.*

Todo eso ha quedado muy atrás, y, hoy día, lo que persigue el personal docente son herramientas sencillas y accesibles que les permitan hacer contenidos realmente especiales para su clase.

En otros casos, estos docentes publican en internet, a disposición de sus compañeros, los recursos que crean. Al no tratarse de obras realizadas de manera profesional o por editoriales, son muchos los casos de plagio de estos recursos.

Sin embargo, no podemos olvidar que toda creación, incluida la más pequeña, es susceptible de que se le apliquen los conocidos como *derechos de autor.*

7.1. Derechos de autor y *copyright*

Los derechos de autor y el ***copyright*** protegen a una obra y a su creador, independientemente del medio en que se haya publicado.

Los derechos de autor son los derechos morales y patrimoniales que el autor de una obra genera como creador de esta. Se extienden hasta el fallecimiento del autor, y están protegidos por normas jurídicas.

SABÍAS QUE...

Derechos de autor y *copyright* no son sinónimos.

Los derechos de autor protegen al creador y a su obra, simplemente por haberla publicado. El *copyright* se consigue previo registro en una oficina competente, y garantiza que la obra publicada es creación del autor que lo afirma.

Los derechos de autor se encuentran regulados en España mediante la Ley de Propiedad Intelectual.

PARA SABER MÁS

Puedes leer el Real Decreto Legislativo 1/1996, de 12 de abril, por el que se aprueba el texto refundido de la Ley de Propiedad Intelectual, regularizando, aclarando y armonizando las disposiciones legales vigentes sobre la materia, accediendo desde aquí:

https://redirectoronline.com/ssce010po0108

Es errónea la creencia de que un trabajo, por el mero hecho de publicarse en internet, no debe estar o no está protegido.

La realidad nada tiene que ver, y es que los derechos de autor cubren todo tipo de obras, incluso las publicadas en internet:

- **Obras escritas:** libros, libros de texto o formativos, e-books, artículos, todo tipo de textos, guiones, obras, musicales (y su adaptación al cine o teatro).

- **Obras visuales:** fotografías, pinturas, ilustraciones, diseños, cómics, maquetas, esculturas, y cualquier tipo de imagen en que se piense.
- **Obras sonoras:** composiciones y grabaciones en general (música, sonidos, audiodescritos, pódcasts...).
- **Obras multimedia:** películas, cortos, videoclips, y cualquier tipo de vídeo.
- **Creaciones informáticas:** páginas web, programas informáticos, aplicaciones, bases de datos, etc.
- **Creaciones científicas:** descubrimientos, investigaciones, estudios..., y su divulgación científica, independientemente del medio.

PARA SABER MÁS

Puedes ampliar tu conocimiento sobre los derechos de autor y el *copyright* en un breve *post* de INTEF, accediendo desde aquí:

https://redirectoronline.com/ssce010po0109

Debido a la **protección** ejercida por los derechos de autor y el *copyright* sobre una obra, estas no podrán ser descargadas, distribuidas, copiadas, modificadas ni publicadas como propias.

Entre todos los tipos de licencia, copyright es el que ofrece una mayor protección. Se representa con este símbolo.

En lo que respecta a su **utilización, sin infringir los derechos de autor,** existen ciertos matices:

- Se podrán realizar citas de la obra, si se entrecomillan y se cita al autor. Es lo que se denomina *derecho de cita.*

- Haber comprado la obra no implica que se pueda usar su contenido sin criterio alguno. De hecho, tan solo podrá ser usada para fines personales.
- Compartir la obra si está alojada en una web que dé permiso explícito para ello.

EJEMPLO

Algunas plataformas, como Amazon, tienen un listado de libros gratuitos que pueden descargarse y compartirse sin infringir ninguna ley.

Esto únicamente sucede porque tanto el autor como el distribuidor así lo han acordado. En caso contrario, es un delito.

7.2. *Copyleft*

El *copyleft* es una licencia totalmente contraria al *copyright,* ya que permite que cualquier usuario utilice, distribuya, modifique, e incluso venda, la creación de otro autor.

Copyleft se representa como la versión opuesta de copyright. Tanto es así que su nombre se traduce como 'copia a la izquierda'.

IMPORTANTE

El *copyleft* persigue la libertad de circulación de las obras, pero no significa que estas sean gratuitas.

Para ello, y sobre todo en caso de redistribución, las condiciones fijadas por *copyleft* indican que se mencione la autoría real de la obra, y que dicha difusión se lleve a cabo en los términos bajo los que el autor emitió la licencia.

7.3. *Creative Commons*

Se trata de un conjunto de licencias que se encuentran a mitad de camino entre *copyright y copyleft.*

Las licencias CC se basan en *copyleft;* sin embargo, en lugar de defender la total libertad de manipulación de la obra, sí establecen algunas limitaciones (siempre escogidas por el autor).

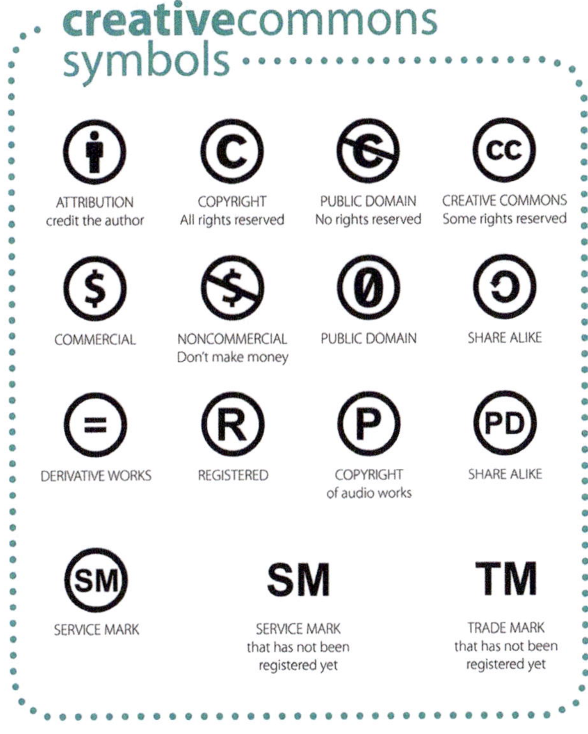

Creative Commons se representa con una doble C (CC), y siempre va acompañada de varios símbolos que indican las limitaciones que existen sobre la manipulación de la obra en la que se incluye esta licencia.

TAREA 3

Las dinámicas creadas entre Mireia y Lola, para la clase de esta última, han tenido mucho éxito entre los estudiantes y entre el resto de los docentes.

Continúa en página siguiente >>

<< Viene de página anterior

Con la intención de dar a conocer el tipo de actividades que pueden realizarse con las redes sociales, ambas han decidido publicar un pequeño documento recopilatorio; algo sencillo.

En menos de una semana estaba listo, pero, a la hora de subirlo a internet, se dieron cuenta de que no habían licenciado el producto.

Teniendo en cuenta que su intención es que se atribuya su autoría, pero que sea un documento de dominio público y gratuito, ¿qué tipo de licencia les recomendarías que utilizaran?

8. Investigación y análisis de casos de éxito en las redes sociales

HILO CONDUCTOR

Después de su formación, Mireia está completamente segura de que la introducción de las redes sociales en su asignatura sería todo un éxito. No solo despertaría más interés en los chicos, sino que también ganaría posiciones respecto a ellos.

A continuación, debe reunirse con sus compañeros, el jefe de departamento y la jefatura de estudios. Para reforzar su exposición, se documenta sobre casos exitosos.

Que las redes sociales son herramientas especialmente útiles en el trabajo escolar es un hecho, y no es un descubrimiento reciente.

Son muchos los centros educativos que llevan años implementando estos instrumentos como un recurso didáctico más. De entre todos ellos, otros tantos han querido publicar su experiencia para poder compartir con otros profesionales los buenos resultados que han obtenido.

Aquí citamos uno de tantos.

8.1. Redes sociales en la Universidad de Burgos

El presente estudio se llevó a cabo durante el curso 2013-2014 en la Universidad de Burgos. En concreto, participó el alumnado de dos grados (Educación Primaria y Terapia Ocupacional), y dos docentes.

Se formaron dos grupos: uno en el que se implementarían las redes sociales (X e Instagram) y otro en el que no.

X e Instagram son dos de las redes sociales que más utiliza el público adulto. Fuente: BigTunaOnline / Shutterstock.com

Al finalizar el experimento, se pasó un cuestionario a cada grupo y a los docentes.

Los **resultados,** respecto a los objetivos marcados, fueron determinantes:

- **Primer objetivo: comparar la percepción que tiene el alumnado sobre la motivación hacia el aprendizaje, y la implicación en los contenidos entre los grupos que han utilizado las redes sociales como elemento formativo y los que no.**
  Los alumnos que cursaron las asignaturas en las que se utilizaron las redes sociales obtuvieron una mayor motivación hacia el aprendizaje y más implicación hacia los contenidos abordados.
- **Segundo objetivo: analizar el grado de influencia que tienen las variables de edad, curso y nivel de uso de las redes sociales fuera del aula en la percepción del alumno sobre el bagaje de conocimientos adquiridos.**
  Dentro del grupo que utilizó las redes sociales, se encontraron diferencias en función de la variable edad, siendo los alumnos más jóvenes los que valoraron en mayor medida el aprendizaje obtenido. Sin embargo, en el grupo que no las utilizó, las diferencias se encontraron en función de la variable de su uso fuera del aula.

- **Tercer objetivo: contrastar las opiniones que tienen los docentes sobre los beneficios o desventajas que conlleva la utilización o no de las redes sociales como herramienta de fomento del aprendizaje.** Los dos docentes manifiestan diferentes percepciones en las tres categorías generadas, relacionadas concretamente con las estrategias metodológicas empleadas y el sistema de evaluación puesto en práctica.

PARA SABER MÁS

Puedes leer el artículo completo sobre la experiencia en la Universidad de Burgos, accediendo desde aquí:

https://redirectoronline.com/ssce010po0110

9. Lectura documental sobre los beneficios que provocan las redes sociales en la educación

HILO CONDUCTOR

Para que su exposición ante los compañeros sea convincente, Mireia también se ha documentado sobre las posibles limitaciones del uso de las redes en su aula. Las ventajas las tiene clarísimas.

Somos conscientes de la cantidad de beneficios que posee la implementación de las redes sociales en el aula; se ha visto en cada uno de los apartados de esta unidad.

Evidentemente, también son algunos los inconvenientes o limitaciones que su utilización puede suponer en la rutina educativa, sobre todo cuando se trata de niños y adolescentes.

A modo de resumen, exponemos ambos a continuación.

9.1. Beneficios de las redes sociales en el aula

Entre los beneficios de incluir las redes sociales en la dinámica de aula, destacan:

- **Fomentar la participación:** las redes sociales pueden lograr que los estudiantes que, por diversos motivos, se sientan más cohibidos, aumenten su participación. No enfrentarse cara a cara a las diferentes tareas comunicacionales puede ayudar a aumentar su confianza progresivamente.
- **Encontrar recursos:** a través de internet pueden encontrarse infinidad de recursos, y muchos de ellos se encuentran catalogados y filtrados dentro de las redes sociales.
- **Desarrollo de habilidades:** las competencias requeridas a los estudiantes de hoy día no son las mismas que las de hace unos años. Cada vez se persigue más, como objetivo, que los alumnos sean miembros activos y autosuficientes de la sociedad. En consecuencia, sus aprendizajes tendrán que estar adaptados a la realidad social y enseñarse sobre una base práctica y de ejecución. Esta conjunción dará como resultado la potenciación de múltiples competencias clave, de manera simultánea.
- **Accesibilidad y bajo coste:** a diferencia de otras herramientas o plataformas educativas, las redes sociales son gratuitas y muy accesibles. Además de poder trabajar con ellas contando solo con una conexión a internet, el hecho de que sean conocidas por la gran mayoría de los estudiantes y los docentes facilita mucho su empleo.
- **Aumento de las oportunidades laborales:** la utilización adecuada de las redes sociales en los cursos más avanzados puede aumentar las oportunidades laborales y formativas de los estudiantes. Entrarán en contacto con organizaciones y colectivos con los que, de otro modo, sería imposible.

VÍDEO

Desde Gaptain, nos ayudan a ampliar los beneficios de usar las redes sociales en el aula a través de un vídeo, puedes verlo accediendo desde aquí:

https://redirectoronline.com/ssce010po0111

9.2. Limitaciones de las redes sociales en el aula

- **Exceso de comodidad en el trabajo de aula:** al tener cualquier tipo de datos a solo un clic, los estudiantes tienden a volverse demasiado cómodos en la realización de tareas.
- **Falta de visión crítica:** a veces se asume, por parte del alumnado, que el hecho de encontrar una información en las redes sociales la convierte en fidedigna.
- **Limitación de la comunicación interpersonal:** los alumnos que necesitan perder su timidez para enfrentarse a interacciones reales pueden acomodarse en las redes sociales. No les dan un total anonimato, pero, como se ha visto con anterioridad, ayuda a que el enfrentamiento al contexto escolar sea progresivo.
- **Requieren de un control horario y de uso:** evitando que se empleen en horarios fuera de lo estipulado o con fines que no sean los marcados en el aula.
- **Pérdida de privacidad:** para poder utilizar las redes sociales en un contexto infantil, es imprescindible asegurarse de proteger la privacidad y la intimidad de los menores. Estos poseen huella digital desde el mismo momento en que crean una cuenta, y eso conlleva sus riesgos.
- **Comportamientos incorrectos:** a veces, los debates, discusiones e intercambios de opinión durante una actividad pueden desembocar en comportamientos censurables, como el *ciberbullying* o el ciberacoso. Es importante que, antes de introducir las redes sociales en el aula, se imparta formación que prevenga este tipo de actuaciones. Igualmente, durante su uso, el control por parte de los docentes es imprescindible.

APLICACIÓN PRÁCTICA

Mireia le comenta a Reme, amiga y compañera docente en otro centro educativo, que quizá ponga en marcha un proyecto de innovación introduciendo las redes sociales en su asignatura. Reme le cuenta un caso curioso que se dio en su centro, con un alumno que, tras trabajar con las redes sociales, se volvió más retraído de lo que ya era en un principio. Su actividad, rendimiento escolar y sus relaciones sociales disminuyeron, mientras que las horas invertidas en las redes sociales aumentaron drásticamente. ¿Sabrías indicar cuál de estas limitaciones es la única que no se ha producido en este caso?

- **Exceso de comodidad en el trabajo de aula**
- **Limitación de la comunicación interpersonal**
- **Requieren de un control horario y de uso**
- **Pérdida de privacidad**

Solución

La única limitación que no se a producido ha sido la "Pérdida de privacidad". La pérdida de privacidad se explica como consecuencia de la huella digital que dejan los usuarios de internet, motivo por el que es necesario que, en el aula, se vele por proteger la privacidad y la intimidad de los menores.

10. Búsqueda de información en internet sobre casos de proyectos innovadores en educación. Puesta en común a través del foro

HILO CONDUCTOR

La idea de poder innovar educativamente en el área de Lengua, y con las redes sociales como medio principal, ha llamado poderosamente la atención del departamento. Le piden a Mireia que les presente algún proyecto de innovación que les pueda servir como modelo para elaborar el suyo.

A continuación, presentamos dos proyectos de innovación en educación, cuya base principal ha sido la implementación de las redes sociales como estrategia de aprendizaje, por un lado, y como recurso didáctico, por otro.

La red social TikTok ha sido una de las que mejor se ha integrado en el ámbito educativo. Bajo el hashtag #aprendecontiktok, muchos docentes lanzan pequeñas "píldoras" con explicaciones, ejemplos y ejercicios. Fuente: Marina Rich / Shutterstock.com

10.1. QuijoTweet

Este proyecto innovador se creó de manos del profesor Sergio Tejero, del IES Ekialde, en Vitoria (País Vasco).

Con esta actividad, el docente se ha encargado de que sus alumnos no solo se lean el *Quijote,* sino que además sean capaces de resumir un capítulo en 140 caracteres.

PARA SABER MÁS

Puedes acceder al proyecto desde aquí:

https://redirectoronline.com/ssce010po0114

10.2. El papel de las redes sociales en el trabajo colaborativo

Este proyecto se desarrolló con alumnos de 1.º del grado en Comunicación Audiovisual de la Universidad de Granada (España).

En este caso, se implementó Twitter como recurso educativo. Por un lado, se pretendía que los estudiantes recabaran información y, por otro, que se hicieran lecturas de lo que publicaban sus compañeros, así como publicaciones propias.

Este trabajo era voluntario, al igual que otros que se habían presentado con anterioridad. En este caso, el 95 % de los estudiantes participaron en él, demostrando que tanto la materia como la actividad que se desarrolla en ella les resultan más interesante de esta forma.

Para leer el proyecto al completo, puedes acceder al artículo desde aquí:

https://redirectoronline.com/ssce010po0115

ACTIVIDAD COMPLEMENTARIA

4. Profundiza en más proyectos de innovación educativa en los que se hayan usado las redes sociales.

   Sobre el proyecto elegido determina la etapa educativa en la que se utiliza, qué red social se empleó, para qué y cuál fue el resultado. Además, tendrás que enlazarlo.

11. Elaboración de un dosier donde se recopilen las diferentes páginas web que nos sirven como recurso para ampliar información

HILO CONDUCTOR

Para que su trabajo sea lo más completo posible, Mireia no se ha conformado únicamente con presentar algunos ejemplos de casos de innovación, sino que está pensando en cómo crear un dosier con páginas web en las que se recopile información valiosa para su proyecto.

Los dosieres son recursos muy completos para poder compilar, en un solo lugar, la información que se necesita sobre un tema concreto.

DEFINICIÓN

Dosier
Conjunto de documentos recopilados y organizados sobre un tema.

Ahora bien, para hacer un dosier con páginas web no basta con hacer un listado largo con ellas. Los dosieres requieren de cierta **organización,** que debe respetarse:

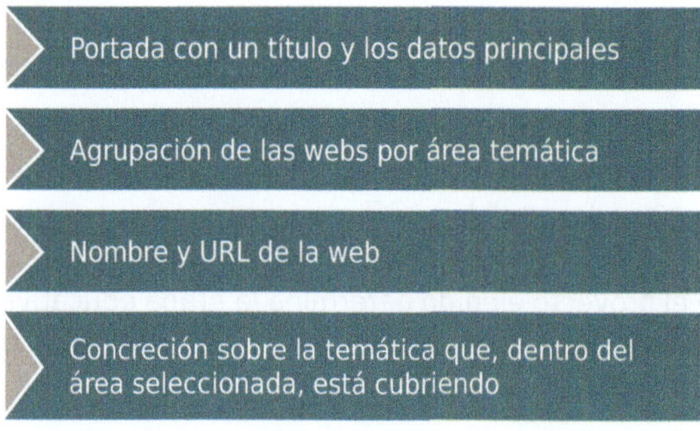

Continúa en página siguiente >>

<< Viene de página anterior

- Descripción de la utilidad de la web: informativa, posee recursos, es interactiva, etc.
- Otros datos: enlaces relacionados, detalles sobre el autor, organismos relacionados, etc.

EJEMPLO

Puedes encontrar un ejemplo de dosier educativo, elaborado para presentar un proyecto pedagógico de infantil y primaria, accediendo desde aquí:

https://redirectoronline.com/ssce010po0117

ACTIVIDAD COMPLEMENTARIA

5. Crea un dosier de webs informativas.

   Para ello, busca y contrasta la información de cinco páginas web relacionadas con la temática de la unidad.

   De las elegidas, anotarás:

   - Su nombre
   - La URL
   - Determinarás un área temática.
   - Indicarás qué tipo de información proporciona.
   - Añadirás otros datos de interés, en caso de que sea necesario.

12. Resumen

Desde que surgieran en los años noventa, las redes sociales han evolucionado enormemente, y han alcanzado gran popularidad.

Actualmente, redes como Facebook, Twitter, YouTube, TikTok o LinkedIn se han convertido en imprescindibles en el día a día de cualquier persona, y sobre todo de las más jóvenes.

Dadas sus características positivas, beneficios y, sobre todo, su popularidad, gratuidad y ociosidad durante el uso, la integración de las redes sociales en el aula, como método de motivación y acercamiento al alumnado, es ya una realidad.

Para que esto ocurra, es necesaria una modificación total de los paradigmas que predominan en la escuela, comenzando por el uso de métodos de aprendizaje activos y colaborativos, junto con el inevitable cambio de roles en los docentes y los estudiantes. En este último caso, los docentes quedarán relegados al papel secundario, mientras que los estudiantes se convierten en protagonistas de las dinámicas educativas.

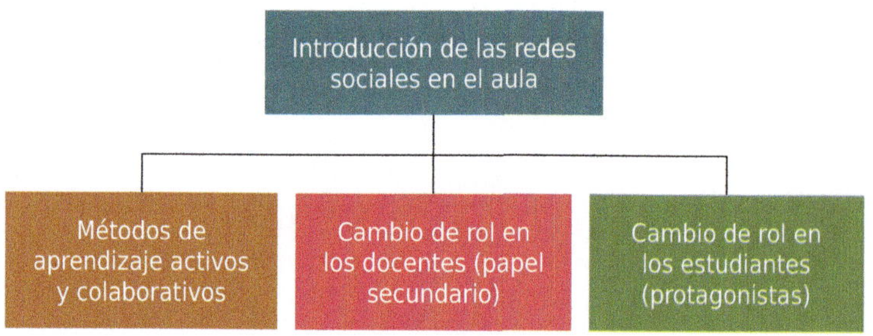

Aunque las redes sociales pueden clasificarse de muchas formas diferentes, desde una óptica educativa nos interesan en función de su objetivo, o, lo que es lo mismo, dependiendo de si se utilizan únicamente para relacionarse, para consumir contenidos, si son profesionales si o trabajan según nichos.

Solo conociendo su finalidad podremos decidir qué tipo de recurso educativo será una red social concreta dentro de nuestra aula. Dicho de otro modo, una red social podrá considerarse como tecnología TEP, TIC o TAC, dependiendo de la función que cumpla respecto a su público.

Otro aspecto que cuidar es la legalidad en su utilización. Este aspecto es realmente importante, y no solo por el hecho de trabajar para proteger la intimidad y privacidad de los alumnos, sino porque, al desarrollar contenidos propios, podemos infringir ciertas normas o, lo que es peor, ser víctima de esa falta.

En este sentido, conviene recordar que todas las creaciones, incluidas las publicadas en internet, pueden y deben incluir algún tipo de licencia.

El *copyright* es la más conocida y la que menor libertad de uso otorga. A continuación, se encuentran las licencias Creative Commons, que aumentan la libertad de utilización, pero la limitan. Finalmente, encontramos el *copyleft,* cuya libertad de distribución, modificación y empleo es total.

Ejercicios de autoevaluación
Unidad de Aprendizaje 1

1. La primera red social surgió en...

a. ... 1990.
b. ... 1992.
c. ... 1995.
d. ... 1997.

2. Indica qué metodología recibe el nombre de *aula invertida*.

a. *Flipflop classroom*
b. *Flopped classroom*
c. *Flipped classroom*
d. *Flapfall classroom*

3. Las tecnologías del aprendizaje son:

a. TAC
b. TEP
c. TIC
d. TOP

4. El derecho, recogido en la Ley Orgánica 3/2018, de 5 de diciembre, de Protección de Datos Personales y garantía de los derechos digitales, por el que toda persona tiene derecho a que sean suprimidos sus datos personales, ¿cómo se denomina?

a. Derecho a la rectificación
b. Derecho al olvido
c. Derecho a la modificación
d. Derecho a la supresión

5. Respecto al uso de nuestro nombre en las redes sociales es mejor:

a. Utilizar nombre y apellidos completos.
b. Poner solo iniciales.
c. Incluir el nombre completo, pero no los apellidos.
d. Usar el nombre de pila.

6. **Determina si la siguiente oración es verdadera o falsa: "Los datos de salud se consideran datos sensibles o especiales".**

   - Verdadero
   - Falso

7. **La realización de citas de una obra, entrecomilladas, y citando al autor, se denomina:**

   a. Libertad de cita
   b. Derecho de autor
   c. Derecho de cita
   d. Libertad de difusión

8. **Al hablar de limitaciones de las redes sociales en el aula, el hecho de encontrar una información en las redes sociales, y pensar automáticamente que es fidedigna, se conoce como:**

   a. Exceso de comodidad en el trabajo de aula
   b. Falta de visión crítica
   c. Comportamiento incorrecto
   d. Limitación de pensamiento

9. **Determina si la siguiente oración es verdadera o falsa: "Derechos de autor y *copyright* son sinónimos".**

   - Verdadero
   - Falso

10. **Un beneficio del uso las redes sociales en el aula es:**

   a. Accesibilidad y bajo coste
   b. Aumento de la visión crítica
   c. Mejora del trabajo en el aula
   d. Mayor autocontrol en el uso de las redes

Unidad de aprendizaje 2

Entornos virtuales de aprendizaje en la web

Contenido

1. Introducción
2. Introducción a la web 2.0
3. La biblioteca y la web 2.0
4. Evolución: la web 3.0
5. Definición de las características de la biblioteca 2.0/web 2.0/3.0
6. Análisis de las diferencias entre las webs 1.0, 2.0 y 3.0
7. Búsqueda en internet de casos de éxito de bibliotecas virtuales. Posterior puesta en común a través del foro
8. Visualización de un vídeo explicativo sobre la evolución tecnológica de la web
9. Elaboración de un dosier donde se recopilen las diferentes páginas web que nos sirven como recurso para ampliar la información
10. Resumen

Objetivos

El objetivo general de esta Unidad de Aprendizaje es:

→ Determinar la mejor forma de utilizar los entornos virtuales de aprendizaje en el aula.

Los objetivos específicos de esta Unidad de Aprendizaje son:

→ Conocer las diferencias existentes entre la primera web y la actual.

→ Justificar la utilidad de las webs y las bibliotecas virtuales en el ámbito educativo.

→ Identificar las diferencias existentes entre bibliotecas virtuales, digitales y repositorios.

→ Comprobar los beneficios de las bibliotecas virtuales en el aula.

→ Analizar la evolución de la web en sus diferentes etapas.

→ Elaborar un dosier para ampliar la información existente sobre el aprendizaje en la web.

1. Introducción

Es un hecho que el día a día de cualquier persona gira en torno a internet. Desde la búsqueda de información hasta la tramitación de determinados asuntos, compras instantáneas o el uso del navegador para orientarnos, todo pasa por la red.

Aunque no lo parezca, esta "magia tecnológica" no era posible hace unos años. La web ha evolucionado a pasos agigantados en los últimos veinte años y ha llegado a tener funciones que ni siquiera sospechábamos que fueran posibles.

En el aula, todo esto se traduce en el uso de entornos virtuales de aprendizaje (EVA), que es como se denomina a los espacios educativos alojados en páginas web.

Allí se pueden encontrar todo tipo de herramientas que permiten a los docentes y estudiantes llevar a cabo cualquier actividad docente, igual que si estuvieran de modo presencial en el aula.

A lo largo de la unidad, y en compañía de Mireia, profundizaremos en todos estos aspectos. Nuestra compañera quiere dar un paso más en lo que a innovación educativa se refiere, ya que su alumnado ha respondido mejor de lo esperado a la introducción de las redes sociales en el aula. Sin embargo, para que la experiencia sea del todo óptima, necesita de una base digital que la sustente.

2. Introducción a la web 2.0

HILO CONDUCTOR

Mireia se ha dado cuenta de que realizar actividades educativas con herramientas digitales requiere de la existencia de un entorno virtual como base. Sin él es imposible gestionar los recursos, ampliar la información y, a veces, incluso comunicarse con el alumnado.

El entendimiento de la web, sin conocer en profundidad internet, es prácticamente imposible. Y es que la gran red de redes es la encargada de albergar cualquier tipo de web existente.

Cualquier servicio que imaginemos en la red se alberga en una página web, y esta, a su vez, en internet.

Internet fue creada en 1969, y desde entonces no ha dejado de crecer. Surgió como evolución de un proyecto del Departamento de Defensa de EE. UU., utilizado para comunicarse en caso de que se produjera una catástrofe.

El equipo encargado del proyecto desarrolló los protocolos de internet, que es lo que hoy día se conoce como *internet protocol* o IP.

IMPORTANTE

El modelo TCP/IP *(transmission control protocol/internet protocol)* es un conjunto de protocolos o guías en los que se basan las comunicaciones por internet.

Este modelo se basa en una estructura por capas, cada una con funciones diferentes, por las que pasan los paquetes de datos que se transfieren de un equipo a otro.

IP es el protocolo encargado de conseguir la dirección a la que se van a enviar los datos (dirección IP), y TCP los entregará allí.

A través de esta red, todos los ordenadores del mundo pueden conectarse entre sí. Para ello, se sirve de instalaciones telefónicas y diferentes tipos de cableado.

SABÍAS QUE...

A internet se la denomina *red de redes* porque no tiene límites a la hora de conectar equipos y servidores alrededor del mundo.

2.1. Nacimiento de la web 1.0

Una vez que se observó el potencial de internet fuera de las bases militares, muchos investigadores se centraron en su utilidad como vía para compartir información.

Con esta intención, Tim Berners crea en 1990 la **world wide web,** considerado el mayor sistema de transmisión de datos mediante los protocolos TCP/IP.

SABÍAS QUE...

Las tres primeras letras de todas las páginas web (www) pertenecen a las palabras world wide web, que significan 'red informática mundial'.

Tanto esta como las webs que se crearon *a posteriori* se conocieron como **web 1.0.** Esta denominación surgió a causa de las posteriores actualizaciones que las webs fueron sufriendo.

La web 1.0 puede reconocerse por **características** como:

- **Se desarrollan en el ámbito empresarial:** las primeras webs pudieron verse como parte de la campaña de *marketing* de grandes empresas. Allí se reunía información sobre estas marcas, se exponía el producto y se recogían algunos datos de contacto. En realidad, esta exclusividad venía dada por dos factores: sus altos costes y la dificultad en su creación y utilización.

- **Altos costes:** hoy día, las webs están al alcance de todos. Existen multitud de herramientas y tutoriales para que, hasta sin saber programación, se pueda crear una página web desde cero. Pero esta no era la realidad de principios de los años noventa. Pocas personas eran capaces de crear una página web, y, si lo hacían, hablábamos de un trabajo realmente costoso por el que se pagaban precios muy altos.
- **Dificultad en su creación y utilización:** en relación con la característica anterior, ponemos el énfasis en la complejidad de su elaboración, pero también de su uso. Si su creación dependía de que un buen profesional pudiera desarrollar la página, su utilización hacía que el usuario fuera un alumno avanzado en clases de informática.
- **Los usuarios son espectadores:** el consumidor de estas webs no podía interaccionar con ningún elemento de entre los incluidos en la página. Sus acciones se limitaban únicamente a consumir información.

PARA SABER MÁS

Puedes consultar un artículo donde se explica con qué finalidad surgió la primera web, accediendo desde aquí:

https://redirectoronline.com/ssce010po0201

Conforme la década de los noventa avanzaba, el número de páginas web fue en aumento. De ahí que se apostara por la creación de **navegadores.** El primero de ellos nació en 1993, y, cinco años después, en **1998,** se fundó **Google.**

2.2. La web 2.0

La explosión de páginas web no tardó en producirse. Muchos fueron los que quisieron subirse al carro de internet, y qué mejor modo de hacerlo que a través de la creación de webs.

Su proceso se hizo más sencillo a medida que transcurrieron los años, lo que dio como resultado que en el año 2000 existieran multitud de webs, muchas de ellas obsoletas, y que un alto porcentaje se cerraran. Las que quedaron en pie eran fieles a la nueva realidad de internet.

La web 2.0 es la evolución de la web 1.0, y se caracteriza por el abandono del rol pasivo del usuario.

La web 2.0 otorga a los usuarios todo el protagonismo, lo que produce un cambio en el paradigma de internet. En él, las personas que están al otro lado de la pantalla pueden elegir cuál es su rol; pueden mantenerse como puros consumidores de información o pueden crear contenido y ser miembros de una comunidad.

En concreto, **la era de la web 2.0 se caracteriza** por:

- **Auge de los blogs:** los blogs surgieron como webs sencillas a las que todo el mundo tenía acceso. Se empleaban para que los usuarios crearan su propio contenido, y este pudiera ser publicado libremente en internet. Realmente, eran páginas personales organizadas por entradas, a modo de diario. A día de hoy, los blogs han evolucionado tanto que pueden llegar a crearse pequeñas webs teniendo como base un blog.
- **Auge de las redes sociales:** como ya se mencionó en la unidad anterior, las redes sociales irrumpieron a comienzos de los años 2000. Aunque

algunos años atrás ya se habían creado pequeñas comunidades virtuales con el mismo objetivo que las redes actuales, no fue hasta esta década cuando su utilización se generalizó y se puso a la orden del día.

- **Inicio de la tecnología móvil:** también en esta era, y coincidiendo con la necesidad de estar conectados a la red en todo momento, nacieron los *smartphones*. Esta tecnología dio lugar a que los principales proveedores de internet y, por supuesto, de *softwares*, webs y navegadores se vieran obligados a adaptar sus servicios a estos dispositivos. Debido al cambio de paradigma que internet sufrió con la llegada de la web 2.0, las redes sociales fueron especialmente bien acogidas al posibilitar a los usuarios generar contenidos en tiempo real, y compartirlos con cualquier persona.
- **Cambio de rol en los usuarios:** con la web 1.0, los programadores eran los sujetos activos de la comunicación, mientras que los usuarios tan solo eran sujetos pasivos que consumían contenido. Como ya se ha visto, gracias al nacimiento de diversas herramientas como los blogs y las redes sociales, los usuarios se convierten en generadores de contenido instantáneo y continuo, siendo esta última característica posibilitada por la tecnología móvil.
- **Aumenta la visibilidad de los contenidos:** este fenómeno se desencadena por dos motivos. Por un lado, el hecho de que los usuarios sean creadores de contenido y puedan compartirlo con suma facilidad y de manera inmediata propicia que estos lleguen a más personas. Por otro, los navegadores de internet evolucionan enormemente durante esta década, siendo uno de sus grandes avances el posicionamiento web. Esta herramienta permite que los contenidos más buscados o vistos por los usuarios sean los primeros en salir en una búsqueda.
- **Nacimiento de la web social:** así se denomina a la web 2.0, que aquí nos ocupa. Esta terminología nace de la confluencia de todas las características anteriores. Y es que la web 2.0 es eminentemente social y comunitaria. Las posibilidades comunicativas que ofrece internet muestran a los usuarios un nuevo abanico de opciones y facilidades en todos los ámbitos de su vida. Llegados a este punto, nadie hace nada sin tener internet a mano.

3. La biblioteca y la web 2.0

HILO CONDUCTOR

Al estudiar sobre el nacimiento de internet y la web, Mireia se da cuenta de que hoy día internet ya no trata únicamente de hacer webs, sino también de crear y almacenar información en ella.

Toda biblioteca que se encuentre en un servidor de internet recibe el nombre de biblioteca virtual.

Al pensar en las bibliotecas virtuales se nos vienen a la mente un montón de archivos en formato digital, y así es.

DEFINICIÓN

Bibliotecas virtuales

Son colecciones bibliográficas y documentales digitalizadas, de cualquier formato, que permiten el acceso a sus recursos sin que exista ninguna barrera temporal o espacial.

Como sucede en las bibliotecas físicas, estas poseen una **catalogación** propia de sus archivos, así como determinados requisitos de acceso para sus usuarios. Igualmente, estos servidores son capaces de ejecutar **tareas básicas** en torno a los archivos, tales como su búsqueda, importación, exportación y organización.

PARA SABER MÁS

El modo principal en que las bibliotecas online organizan sus recursos es a través de catálogos OPAC (online public access catalog). Puedes aprender más sobre ellos, accediendo desde aquí:

https://redirectoronline.com/ssce010po0202

3.1. Bibliotecas virtuales, digitales y repositorios

Si cualquiera de nosotros busca "bibliotecas virtuales" en internet, es posible que se encuentre con resultados muy similares pero diferentes.

Lo más habitual es que aparezcan entradas en las que se utilizan los términos **biblioteca virtual** y **biblioteca digital** de manera sinónima.

Aunque su diferencia es sutil, existe:

Biblioteca digital

- Son bibliotecas pertenecientes a instituciones que poseen estos servicios, por lo que están más estructuradas y organizadas que las bibliotecas virtuales. En ellas se archivan, preservan y catalogan las obras que anteriormente solo podían encontrarse físicamente en la biblioteca de referencia. Puede encontrarse contenido en cualquier formato.

Biblioteca virtual

- Son espacios web donde se recoge y cataloga material publicado directamente en internet. Suelen ofrecer servicios muy similares a los de las bibliotecas digitales, pero no cuentan con el respaldo de ninguna institución, al menos de forma física.

Si nos ceñimos a los usos habituales de estos términos, pueden encontrarse bibliotecas digitales que cumplan los requisitos de las virtuales, y bibliotecas virtuales con características de las digitales.

Generalmente, si una biblioteca posee material de un tipo y otro, se le acuña el término *virtual*, en lugar de *digital*.

Un ejemplo del uso indiscriminado de ambos conceptos se observa en la Biblioteca Virtual Miguel de Cervantes, donde puede encontrarse todo tipo de material, puedes consultarla accediendo desde aquí:

https://redirectoronline.com/ssce010po0203

Por otro lado, encontramos varias definiciones de **biblioteca virtual o digital** que incluyen la palabra *repositorio*.

Repositorio
Es un espacio digital que reúne archivos en múltiples formatos, con la intención de preservarlos y difundir este tipo de creaciones.

En un repositorio podemos encontrar material de lectura, vídeo, fotografías, investigaciones, material de colecciones y fondos antiguos, y un largo etcétera.

IMPORTANTE

La gran diferencia entre las bibliotecas virtuales y digitales, y los repositorios, es que las primeras se centran en obras literarias de diferentes autores, disciplinas o tipos de escritura. Da igual que sea un libro de lectura o de consulta, un cuento infantil o una enciclopedia.

Por su parte, los repositorios son archivos específicos de documentación producida principalmente por personal de la institución que esté a su cargo. Si hablamos del repositorio de una universidad, es habitual que encontremos investigaciones científicas, tesis doctorales, artículos, libros conmemorativos o colecciones de la propia institución.

Las bibliotecas virtuales ofrecen múltiples servicios a sus usuarios, llegando más allá de aquellos que habitualmente se les atribuyen a las bibliotecas físicas.

Las bibliotecas virtuales ofrecen un amplio marco de accesibilidad a la cultura.

En concreto, hablamos de los siguientes servicios:

- **Acceso a recursos propios y externos:** suelen encontrarse barras de navegación que permiten tanto la búsqueda interna como externa. En este último caso se incluyen otras páginas web, repositorios o bibliotecas.
- **Filtrado de recursos:** como se mencionó con anterioridad, la búsqueda interna de recursos se caracteriza por ser rápida y muy exacta. No se

trata de una catalogación al uso, sino que en ella se emplean filtros que posibilitan la detección de obras por términos, fechas e incluso extractos de su interior.

- **Asistencia inmediata:** es frecuente observar canales de comunicación directa con el personal de la biblioteca, ya sean direcciones de *e-mail* o teléfonos. En algunas webs más elaboradas o que cuentan con una comunidad grande también es posible acceder a chats o foros de discusión.
- **Creaciones propias sobre las obras:** el estudio y análisis de los archivos contenidos en las bibliotecas dan lugar a producciones propias en forma de artículos o *post,* videoblogs, creación de talleres, actividades para la comunidad, etc.
- **Recopilación de enlaces de interés:** el perfil de usuario que visita estas web es aquel que está acostumbrado a tener toda la información a un solo clic. Con el objetivo de satisfacer esta necesidad, las bibliotecas, como cualquier otra web, enlazan contenido similar o de interés para el usuario en función de su búsqueda. Por ejemplo, puede verse como recomendación un *post* sobre la vida de Miguel de Cervantes si nuestra búsqueda es sobre el *Quijote.*
- **Uso de canales en redes sociales para dar soporte:** cumpliendo así con el requisito más social de la web 2.0, esta biblioteca permite que los usuarios sean participantes activos de su día a día. Así, además del uso de foros, wikis o blogs, lo más habitual es que estos organismos tengan un canal oficial en redes sociales. A través de ellos entran en contacto directo con su público, e incluso pueden hacerles llegar contenido propio "más informal" (por ejemplo, alguna curiosidad sobre un autor).

APLICACIÓN PRÁCTICA

Mientras ahonda sobre las diferencias entre biblioteca virtual, digital y repositorios, Mireia se topa con una web que le llama la atención.

Se trata de la Biblioteca Virtual de la Consejería de Sanidad de la Comunidad de Madrid, en cuyo menú puede observarse que, entre otros recursos, dispone de un repositorio, revistas electrónicas, base de datos, libros electrónicos, una biblioteca de hospital, materiales de formación, etc. Puedes acceder a ella desde aquí:

Continúa en página siguiente >>

<< *Viene de página anterior*

https://redirectoronline.com/ssce010po0204

¿Cuál crees que debe ser su denominación?

- **Biblioteca virtual**
- **Biblioteca digital**
- **Repositorio**
- **Base de datos**

Solución

Su denominación se trata de "Biblioteca virtual", pues cuando una web incluye recursos propios de todos los tipos de archivo, se le acuña el término *virtual*, en lugar de *digital*.

4. Evolución: la web 3.0

HILO CONDUCTOR

Durante su estudio, la duda asalta a Mireia: ¿realmente nos encontramos inmersos en la era de la web 2.0? Lo que ella observa en muchas webs, y aplicaciones educativas, traspasa el horizonte puramente social.

Como es evidente, desde el año 2000 la web 2.0 ha evolucionado considerablemente. Aquí es donde entra en juego la web 3.0.

Sin embargo, al ser su crecimiento tan vertiginoso, los tecnólogos no son capaces de fechar el momento en que surgió, qué período abarca o qué definición le corresponde a la web actual.

La evolución de la web 2.0 ha sido tan rápida que algunos autores insisten en que nos encontramos en la era de la web 4.0, habiendo pasado la 3.0 sin apenas darnos cuenta.

Aun así, intentaremos identificar algunos de sus rasgos más peculiares a lo largo de este apartado.

4.1. ¿Qué es la web 3.0?

La web 3.0 es la tercera generación de internet y sus servicios en páginas y aplicaciones, y surge para cubrir varias demandas: mayor conectividad, y webs más intuitivas, inteligentes y abiertas.

SABÍAS QUE...

La web 3.0 también se llama *web semántica*, ya que proporciona más información de este tipo, dotando a las páginas y aplicaciones de mayor inteligencia a la hora de trabajar y buscar respuestas más concretas para los usuarios.

Para ello, la web 3.0 se ha convertido en abanderada de la **inteligencia artificial, la realidad aumentada y el *big data*.**

Estas tecnologías, aún en sus inicios, se están abriendo paso en nuestro día a día sin casi darnos cuenta.

EJEMPLO

Hablar de inteligencia artificial, realidad aumentada y *big data* puede sonar a tecnicismo incomprensible. Sin embargo, si utilizamos nombres y apellidos de algunas de estas máquinas, la perspectiva cambia.

1. Siri, la asistente de *iphone*, es una inteligencia artificial (IA) basada en el procesamiento del lenguaje natural de los seres humanos.
2. El juego de *Pokemon Go* es un claro ejemplo de realidad aumentada.
3. Las sugerencias de compra que Amazon hace a sus usuarios se basan en la información recopilada en *big data*.

4.2. Servicios de la web 3.0

La web 3.0 no solo ofrece los servicios que ya procuraban sus antecesoras, sino que los ha mejorado al ser más cercana al usuario, y comprender mucho mejor qué es lo que este quiere de ella.

En concreto, podemos centrar sus **funciones** en:

- **Búsquedas inteligentes:** al adaptarse al lenguaje natural, las peticiones de los usuarios son mejor comprendidas y mejor resueltas. Esto se debe, en gran medida, a la acción de la web semántica.
- **Vinculación de datos:** los datos de los dispositivos que utilicemos, así como de las páginas y aplicaciones más frecuentes, pueden vincularse haciendo todo el proceso de conexión más sencillo. El hecho de compartir información necesaria, como, por ejemplo, las contraseñas, los contactos o el *e-mail* con el que iniciamos sesión en todas nuestras *apps*, hace posible que todos nuestros dispositivos funcionen como uno solo.
- **Tridimensionalidad:** ya es posible observar cualquier modelo en tres dimensiones, como si estuviera delante de nosotros. La información en internet no solo se lee o escucha, sino que se vive como si fuera realidad. Un ejemplo de ello nos lo muestra el Museo del Louvre, desde cuya página web se pueden realizar visitas virtuales.
- **Predicción:** nuestros gustos y costumbres quedan reflejados en todo lo que hacemos en internet. Tanto es así que las webs, los navegadores e incluso nuestros dispositivos registran todas nuestras acciones con el objetivo de establecer patrones de conducta y poder anticiparse a lo que vamos a pedirle.

- **Uso de la nube:** también denominado *cloud computing*. Supone la ubicación de servidores y *softwares* varios en la nube, evitando consumir espacio real de los equipos, y permitiendo un acceso a los puntos de conexión más rápido y eficaz.

PARA SABER MÁS

Puedes aprender más sobre el *cloud computing* en el artículo de IBM, accediendo desde aquí:

https://redirectoronline.com/ssce010po0205

4.3. La web 4.0

Un suceso destacable a lo largo de esta unidad es que la sucesión de avances tecnológicos es tan sumamente veloz que a veces es imposible distinguir en qué era tecnológica o web nos encontramos.

Si bien, recordamos, este hecho se hace visible especialmente entre la web 3.0 y 4.0, llegando a no poder diferenciarse según algunos autores.

Sin embargo, si por algo puede **reconocerse la web 4.0 fácilmente,** es porque el uso de la tecnología propia de la web 3.0 se ha convertido en algo cotidiano. En otras palabras, todos los descubrimientos de la web 3.0 han empezado a utilizarse en tareas cotidianas ahora. Igualmente, aquellos logros que se esperaban conseguir con tecnologías 3.0 se han patentado e implementado en la actualidad.

EJEMPLO

En la web 3.0, la IA era algo excepcional que solo se encontraba en ciertos dispositivos y se utilizaba en ocasiones concretas.

Hoy día, la IA ha aumentado sus funciones hasta llegar a trabajar con nosotros codo con codo. Puede crear imágenes con solo una descripción de dos palabras, debatir de manera fundamentada con un humano, generar escritos narrativos de diverso tipo y, según demuestran los investigadores, hasta obtener un título de máster.

PARA SABER MÁS

Consulta un post del diario tecnológico Xataka, titulado "ChatGPT aprueba los exámenes de Derecho y de un MBA", accediendo desde aquí:

https://redirectoronline.com/ssce010po0206

De acuerdo con la **Universidad de Vic,** la web 4.0 es la de las **máquinas inteligentes.** Con ello se refieren a aquel internet cuyo código es capaz de entender a los humanos y de aprender de ellos, cada vez más, a medida que lo usan.

SABÍAS QUE...

La web 4.0 se conoce por muchos nombres distintos: web total, web cerebral, internet contextual o internet ambiental son algunos de ellos.

En su momento, la web 3.0 llamó poderosamente la atención por ser especialmente semántica y dotar de mayor significado a las exigencias de los usuarios.

La **web 4.0** va más allá, y se **caracteriza** por:

- **Aumenta la comprensión del lenguaje natural:** las nuevas tecnologías incorporadas permiten que el lenguaje se convierta en texto y viceversa. Esto implica que la web ya no tiene capacidad semántica, sino que también la tiene morfológica. En este sentido, la incorporación de la IA como elemento cotidiano de la vida de una persona es un hito realmente importante. Estas herramientas son capaces de mantener una conversación, debatir, crear historias, imágenes o música, a partir de la descripción dada por un ser humano. Se trata de la humanización de internet.
- **Uso continuo del *big data*:** también aumenta el uso del *big data*, y es que esta enorme base de datos no solo servirá con propósitos específicos de investigación o mercado. La web 4.0 dispone de ella para cualquier tipo de operación, por mínima que sea.
- **Introducción de nuevos modelos M_2M *(machine to machine)*:** hacemos referencia, aquí, a la comunicación entre máquinas. Como se puede deducir, esta también ha mejorado enormemente, incluyendo cada vez más agentes, y siendo más compleja.
- **Mejora de la interacción con el usuario:** en periodos anteriores se vio como los dispositivos móviles llegaron para quedarse. Hoy día, en la web 4.0, ya son un elemento indispensable en la vida de cualquier persona. Desde ellos se puede realizar cualquier operación que, en años anteriores, se llevaba a cabo a través de ordenadores. Además, la inclusión de las últimas tecnologías y la IA en ellos los ha dotado de amplios niveles de seguridad. Por último, y no menos importante, hay que destacar la creación de nuevas herramientas e instrumentos que sustituyen, de manera casi imperceptible, todas las funciones que ejecutan otros dispositivos. Hablamos aquí de chips subcutáneos, gafas inteligentes, medios de transporte autónomos, sistemas biométricos, etc.

PARA SABER MÁS

Consulta un artículo del periódico El País, en el que se habla de las gafas inteligentes creadas y comercializadas por Google, accediendo desde aquí:

Continúa en página siguiente >>

<< Viene de página anterior

https://redirectoronline.com/ssce010po0207

5. Definición de las características de la biblioteca 2.0/web 2.0/3.0

 **HILO CONDUCTOR**

Como bien ha averiguado nuestra profesora de Lengua, en la actualidad convivimos con dos tipos de web y, consecuentemente, con dos tipos de bibliotecas electrónicas. Teniendo en cuenta los recursos con los que ella trabaja, se decide a clasificarlos según sus características.

A lo largo de esta unidad hemos podido ver que la evolución de la web es sutil pero notable en el tiempo. Poco queda ya de la primera web que hacía las veces de enciclopedia electrónica, ya que tan solo permitía consumir contenido.

Ahora bien, realmente no sabemos cuáles son las características definitorias de cada una de ellas. Solo conociéndolas podremos diferenciarlas más adelante.

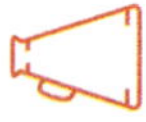 **RECUERDA**

A medida que las webs han evolucionado, también lo han hecho los elementos que se encuentran en ellas, como las bibliotecas electrónicas.

5.1. Características de la web y la biblioteca 2.0

Ya se mencionó que la **web 2.0** fue la web eminentemente social. De ahí que se caracterice por:

- **Protagonismo del usuario:** el usuario de la red ha dejado de ser pasivo. Ahora no solo genera contenidos, sino que también se está haciendo escuchar. La opinión de los clientes es importante, y las empresas, sobre todo tecnológicas, son conscientes de que escuchar su opinión sobre los productos y sobre las posibilidades de mejora de la experiencia hace que las ventas aumenten.
- **Generación de contenido no profesional:** la creación de contenidos por parte de los usuarios se produce principalmente en blogs, wikis y redes sociales. Rápidamente, las cuentas en estos servidores se multiplicaron, y, por supuesto, los contenidos creados y expuestos a internet, también.
- **Monetización de datos:** las empresas se dan cuenta de que seguirle la pista a los usuarios es una oportunidad que deben aprovechar y poder así invertir en *marketing* y publicidad. Cualquier información, rutina, gusto u opinión de un usuario de la red es valioso. A su vez, los usuarios se vuelven más celosos de su intimidad, por lo que se comienza a pagar para obtener dicha información. Es lo que se conoce como **monetización de datos.** Generalmente se lleva a cabo entre empresas.

Puedes ampliar tu conocimiento en torno a la web 2.0 y sus características con un vídeo de la UNED, accediendo desde aquí:

https://redirectoronline.com/ssce010po0208

En cuanto a las características de las **bibliotecas 2.0,** es necesario hacer **matices.** Por un lado, que, al encontrarse alojadas en páginas web, comparten muchas de las características de esta era informática. Por otro lado, que, al tratarse de un servicio electrónico muy específico, las bibliotecas también cuentan con peculiaridades concretas.

Así, entre las **características** de las bibliotecas 2.0 destacan:

- **Eliminan las barreras físicas y temporales:** al tratarse de una gran base de datos ubicada en un servidor, cualquier persona, desde cualquier rincón del planeta, puede acceder cómo y cuándo quiera a sus recursos.
- **Aumento de los recursos disponibles y de la disposición que de ellos se tenga:** al tratarse de bibliotecas virtuales, un mismo usuario puede recorrer varias bibliotecas hasta obtener la bibliografía deseada, por lo que los recursos que ahora tiene para elegir son mucho mayores que si de una biblioteca física se tratara. Lo mismo ocurre con la disposición de los archivos, y es que, al no tratarse de obras en papel, no se requiere su devolución. En caso contrario, se trataría de obras digitales cuyo uso estaría limitado a determinadas fechas o a su lectura en formato *online,* y no en descarga.
- **Acceso sencillo y simultáneo:** bajo esta afirmación debemos catalogar tres circunstancias:

    - Las bibliotecas virtuales no requieren de desplazamientos, y habitualmente no se solicitará más de un registro a los usuarios.
    - La organización de los archivos no se limita únicamente su catalogación. Estos se emparejan con determinados disparadores de búsqueda en forma de palabras o cifras, de modo que, cuando un usuario cita los términos correctos, los filtros de los buscadores se activan y muestran miles de resultados posibles.
    - El acceso a los archivos puede ser simultáneo, ya que son elementos digitalizados, y varias personas pueden trabajar con la misma obra en un mismo momento.

- **Mayor accesibilidad:** los asistentes creados para fomentar la accesibilidad desde dispositivos electrónicos son verdaderamente eficaces, por lo que se garantiza un mayor acceso a la cultura. Existen audiolibros, asistentes de narrativa y descriptores, e incluso obras convertidas en pictogramas. Todos estos sistemas aumentativos y alternativos de la comunicación, cuya aplicación es mucho más sencilla en formato digital, eliminan cualquier tipo de barrera para las personas con discapacidad que requieran de estas adaptaciones.

En lo que respecta a la web 3.0, muchas de sus novedades son características definitorias en sí mismas, más aún cuando se trata de un salto tecnológico tan grande como el que ya se describió.

A pesar de esto, es posible identificar ciertas **características técnicas de la web 3.0** que la diferencian de sus antecesoras:

- **Más rapidez:** derivada no solamente del avance tecnológico y de mecanismos y dispositivos cada día más potentes, sino también del aumento de información sobre los usuarios. La capacidad previsora de la web, respecto a las preferencias de sus usuarios, da como resultado que sus algoritmos sean más sencillos y, por tanto, las búsquedas más simples.
- **Aumento de la facilidad de navegación:** la web se ha vuelto más intuitiva, y cualquier persona puede moverse por ella sin necesidad de conocerla. Junto con esto, destacan los diferentes elementos de accesibilidad que hoy día ya están disponibles. Gracias a ellos, basta con decir lo que necesitamos para que internet se haga cargo.
- **Mejora en la conectividad:** esta característica comenzó a observarse con la web 2.0. El auge de los dispositivos móviles y el cambio de paradigma en el rol de los usuarios dieron pie a que las mejoras de estos aparatos no tuvieran frenos. Hoy día, las empresas luchan por dar respuesta a las necesidades de los usuarios a través de estos dispositivos, y es que ya hacemos vida cotidiana a través de ellos. Así, cada vez más, las aplicaciones tienen mayor número de detalles, se pueden utilizar sin conexión a internet, un *software* que no esté disponible para *smartphone* no es viable, y las webs crean su versión móvil por inercia. La nueva web se ha encargado de dar respuesta a esta demanda de conectividad constante.
- **Uso de la IA, la realidad aumentada y el *big data*:** estos tres elementos forman parte de la espiral de la web 3.0: mayor número de datos, mejor respuesta a los usuarios, mejoras más potentes en la web. Pero también hacen una labor que pocas veces nos planteamos; acercar a todos los usuarios a internet. Con esto nos referimos al trampolín de accesibilidad que estas tres tecnologías suponen para las personas con discapacidad, que, ahora más que nunca, tienen todos los servicios en la palma de su mano.

En cuanto a la biblioteca 3.0, es posible afirmar que comparte muchas características con su antecesora, pero ha dado un paso más de modo paralelo al de la web.

Como **características de la biblioteca 3.0** se encuentran:

- **Uso del lenguaje natural en sus buscadores:** al igual que la web que le da soporte, la biblioteca 3.0 emplea información semántica para poder responder de manera más concreta al usuario.
- **Mejora en el número y en la organización de sus recursos:** los motores de búsqueda son más potentes, los servidores más amplios, y el almacenamiento en la nube posibilita que el número de recursos sea infinitamente más amplio.

- **Uso de la IA, la realidad aumentada y el big data:** la IA otorga accesibilidad a los usuarios de las bibliotecas 3.0, y, además, aumenta los canales de comunicación directa con los usuarios, como ocurre por ejemplo con los chats de asistencia. La realidad aumentada además procura que la experiencia del usuario sea realmente tridimensional, pudiendo ubicarse y moverse en las salas y zonas donde se encuentran los archivos. Por último, el *big data* facilita que, gracias a los datos recopilados, las nuevas adquisiciones y los servicios de la biblioteca sean adecuados para los usuarios habituales.

ACTIVIDAD COMPLEMENTARIA

6. Haz una comparación entre las webs que te proponemos a continuación:

rae.es	sagradafamilia.org

https://redirectoronline.com/ssce010po0209	*https://redirectoronline.com/ssce010po0210*

Una vez estudiadas, determina si son una web 2.0 o 3.0, y qué elementos te han hecho decidirte por una u otra opción.

¿Piensas lo mismo sobre ambas webs? ¿Has localizado diferentes elementos?

6. Análisis de las diferencias entre las webs 1.0, 2.0 y 3.0

HILO CONDUCTOR

Para tener a mano toda la información obtenida hasta ahora, Mireia se dispone a recopilarla en un formato mucho más visual. Dados los materiales con los que ella trabaja, necesita hacer un buen resumen sobre las webs 1.0 a 3.0.

Como ya se vino diciendo, el paso de una etapa evolutiva de la web a otra es realmente difícil de delimitar.

Sin embargo, si hay algo claro es que, aun dentro de la continuidad en la que se mueven sus características, estas pueden delimitarse correctamente con la intención de identificar cada tipo de web.

Con dicha intención como meta, fijaremos en un cuadro resumen las diferencias más notables entre las webs 1.0, 2.0 y 3.0.

- **Web 1.0**

Qué es	Características	Servicios
World wide web, considerado el mayor sistema de transmisión de datos mediante los protocolos TCP/IP.	- Altos costes - Dificultad en su creación y utilización - Los usuarios son espectadores.	Ofrece información estática, y una vía de comunicación aún limitada y en desarrollo.

➲ Web 2.0

Qué es	Características	Servicios
Web social. Es la evolución de la web 1.0, y se caracteriza por el abandono del rol pasivo del usuario.	- Auge de los blogs y redes sociales - Inicio de la tecnología móvil - Aumenta la visibilidad de los contenidos. - Protagonismo del usuario - Generación de contenido no profesional - Monetización de datos	Ofrece información estática y dinámica. Permite que los usuarios sean partícipes de su crecimiento; crea una comunidad mundial. Se convierte en el medio de comunicación por excelencia. Destacan sus usos científicos, sanitarios y educativos.

➲ Web 3.0

Qué es	Características	Servicios
Web semántica. Es la tercera generación de internet. Surge para cubrir varias demandas: mayor conectividad y webs más intuitivas, inteligentes y abiertas.	- Más rapidez - Aumento de la facilidad de navegación - Mejora en la conectividad - Uso de la IA, la realidad - aumentada y el *big data*	- Búsquedas inteligentes - Vinculación de datos - Tridimensionalidad - Predicción - Uso de la nube

TAREA 4

El estudio de las webs y las bibliotecas electrónicas ha creado en Mireia la necesidad de **diseñar una biblioteca para el Departamento de Lengua,** pero enfocada al uso por parte de los alumnos. Es la mejor forma de motivar a sus estudiantes, y, además, puede ir aumentando la web y sus recursos conforme le sean necesarios.

Para comenzar, está perfilando su biblioteca, ya que aún no tiene muy claro qué denominación tendría.

Las **características de su biblioteca** electrónica son:

Continúa en página siguiente >>

<< Viene de página anterior

- Está alojada en una web.
- Se dará información de la asignatura, algunos recursos extras, servirá como apoyo para las actividades en redes sociales e incluirá un foro para la discusión.
- El área de biblioteca incluirá lecturas recomendadas para los distintos cursos en formato de libro electrónico, los recursos que las editoriales le permitan utilizar de forma libre y creaciones personales, tanto de la propia Mireia como de sus estudiantes.

Teniendo en cuenta estos datos, deberás:

- Indicar el tipo de web que necesita Mireia y por qué.
- Definir el tipo de biblioteca electrónica que tendrá que incluir en su web, y justificar el motivo de tu decisión.

7. Búsqueda en internet de casos de éxito de bibliotecas virtuales. Posterior puesta en común a través del foro

HILO CONDUCTOR

Decidida a crear su propia biblioteca virtual, nuestra profe comienza a buscar documentación que la oriente durante el proceso.

Después de una amplia investigación, cae en la cuenta de que la lectura de experiencias educativas y casos reales son las mejores guías para la implantación de nuevas herramientas en el aula.

El caso que nos ocupa se centra en el alumnado del tercer ciclo de educación primaria de un centro educativo de Logroño.

Con estos grupos se propuso la enseñanza de la literatura a través del uso de los libros digitales.

El objetivo de este trabajo perseguía vislumbrar el modo en que se puede trabajar en el aula con contenidos digitales, no solo integrando las tabletas como base de esta metodología, sino iniciando a los estudiantes en la utilidad de la biblioteca de aula y sus posibilidades tecnológicas.

Al finalizar el estudio, pudieron afirmar que la introducción de las tabletas y su aplicación en diversos tipos de bibliotecas influye de manera eficaz en el desarrollo del proceso de enseñanza-aprendizaje.

Igualmente, las propuestas académicas realizadas **estimularon la capacidad crítica y de reflexión** en los estudiantes respecto al uso de las TIC.

Puedes acceder al estudio completo desde aquí :

https://redirectoronline.com/ssce010po0211

ACTIVIDAD COMPLEMENTARIA

7. Realiza una búsqueda por internet, y elegido un proyecto, indica en qué nivel se utiliza, con qué objetivo y qué beneficios se han encontrado en su utilización.

8. Visualización de un vídeo explicativo sobre la evolución tecnológica de la web

HILO CONDUCTOR

Mireia está finalizando su anteproyecto de biblioteca digital. Para finalizar el portfolio, está incluyendo información aclaratoria sobre lo que ha estado viendo. Entre el material elegido quiere incluir algo ameno y que resuma lo ha aprendido.

A continuación, se propone la visualización de un vídeo en el que se explica de forma resumida cómo ha evolucionado la web desde su primera versión.

Como puede observarse, la tecnología avanza con el firme objetivo de cubrir las necesidades que presenta la sociedad actual. En este sentido, el ritmo de vida tan exigente al que nos sometemos requiere de la automatización, de manera **humanizada,** de muchos procesos. Es en esta área, y con la intención de anticiparse a los deseos de las personas, donde se está trabajando actualmente.

VÍDEO

En Computer Hoy han creado un vídeo explicando la evolución de las webs, así como lo que está por llegar, puedes verlo accediendo desde aquí:

https://redirectoronline.com/ssce010po0212

APLICACIÓN PRÁCTICA

Durante la clase de Informática, los alumnos de Mireia le explican a su profesor que van a crear una web con ella, y que, entre otros materiales, han visto un vídeo en el que se habla de los distintos tipos de web.

Uno de los chicos comenta que deberían profundizar en el estudio de la utilización de la IA como parte del proceso de enseñanza-aprendizaje, ya que, según su opinión, parte de la humanización de internet reside en el uso de la IA como elemento cotidiano en nuestras vidas.

Continúa en página siguiente >>

<< Viene de página anterior

Teniendo en cuenta lo aprendido hasta ahora, ¿en qué tipo de web o período tecnológico crees que se está ubicando este alumno?

- **En el período de la web 4**
- **En el período de la web 3.0**
- **En el período de la web 3**
- **En el período la web 4.0**

Solución

Se está ubicando en el período de la web 4.0 La web ya no tiene capacidad semántica, sino que también la tiene morfológica. En este sentido, la incorporación de la IA como elemento cotidiano de la vida de una persona es un hito realmente importante. Estas herramientas son capaces de mantener una conversación, debatir, crear historias, imágenes o música, a partir de la descripción dada por un ser humano. Se trata de la humanización de internet.

9. Elaboración de un dosier donde se recopilen las diferentes páginas web que nos sirven como recurso para ampliar la información

HILO CONDUCTOR

Junto con la recopilación de información que anteriormente hizo, nuestra profesora ha decidido añadir un dosier con webs de referencia. Se ha propuesto un doble objetivo: entender la estructura de las bibliotecas virtuales y tener modelos para crear la suya propia.

Recordando lo expuesto en la unidad anterior, a la hora de crear un dosier web es necesario considerar ciertos aspectos organizativos. De esta forma, este tipo de dosier tendrá:

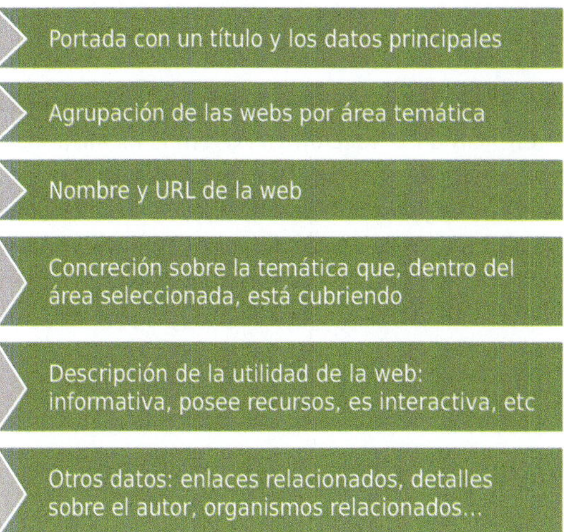

Para elaborar un dosier de estas características, lo mejor es ponernos en situación.

Imaginemos que Mireia quiere hacer una buena recopilación de bibliotecas virtuales porque, para crear la suya, tiene intención de estudiar cómo funcionan y qué posibilidades tienen este tipo de bibliotecas.

Con este objetivo, lo más acertado sería identificar la biblioteca virtual que se va a incluir en el dosier y localizar los datos que más nos interesen.

En este caso, nos centraremos en la Biblioteca Virtual Miguel de Cervantes. De aquí, obtendremos tres tipos de datos:

- Su dirección web:

https://redirectoronline.com/ssce010po0203

Continúa en página siguiente >>

<< Viene de página anterior

- El tipo de información que contiene: lo que en el lenguaje de las bibliotecas hace referencia a las secciones. Podemos localizarlas a través de su menú. En este caso, podemos hablar de secciones de literatura, lengua, libros para público infantil y juvenil, historia, arte, hemeroteca, archivos...
- El área temática que abarca: podemos inferirla rápidamente en función de sus secciones. En la Biblioteca Virtual Miguel de Cervantes es posible hablar de un área temática muy general, tal y como lo es la lengua castellana y la literatura.

TAREA 5

Siguiendo los consejos que se recogían en las experiencias de éxito, para crear una biblioteca digital es necesario comprender sus funciones, posibilidades y cuáles son sus secciones.

Con ese objetivo, Mireia se ha puesto en marcha para hacer una buena recopilación de bibliotecas virtuales. Sin embargo, se le están resistiendo justo las de su materia: Lengua y Literatura.

Como compañero del departamento, te dispones a echarle una mano. Para ello, deberás localizar una biblioteca virtual relacionada con esta temática y adjuntar los datos necesarios para el dosier.

10. Resumen

Desde que surgiera en 1969, internet y su web han evolucionado a pasos agigantados.

Sus comienzos con usuarios de a pie en 1990 y la *world wide web* se limitaban a la consulta de información de un modo lento y costoso. Sin embargo, su recibimiento fue mayor del esperado y las páginas web no dejaron de sucederse.

En el año 2000 y ante esta realidad, surge la web 2.0, considerada la web social. Esta denominación surge al producirse un cambio de paradigma en internet: el usuario también crea contenido, y lo hace a través de blogs y redes sociales.

A partir de aquí, el auge de las redes sociales, los dispositivos móviles y la necesidad de comunicación y conexión continua de los usuarios da lugar a que en muy pocos años vuelva a percibirse un nuevo giro en internet.

Llegamos así a la web 3.0, caracterizada por la rapidez, la tridimensionalidad, el uso de inteligencia artificial y el *big data.*

En paralelo a los distintos tipos de web, surgen las **bibliotecas digitales.** Estas, diferenciadas en bibliotecas virtuales, digitales y repositorios, tienen un gran impacto en el mundo educativo.

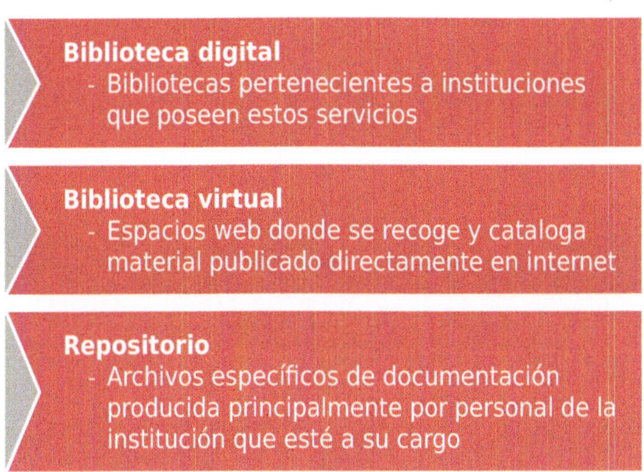

Ejercicios de autoevaluación Unidad de Aprendizaje 2

1. **¿En qué año se creó internet?**

    a. En 1969
    b. En 1979
    c. En 1990
    d. En 1980

2. **¿En qué año surge la web 2.0?**

    a. En 1990
    b. En 1996
    c. En 1998
    d. En el 2000

3. **El auge de los blogs se produce con la web:**

    a. 1.0
    b. 4.0
    c. 3.0
    d. 2.0

4. **El modo principal en que las bibliotecas *online* organizan sus recursos es a través de catálogos:**

    a. OCAP
    b. DNEA
    c. OPAC
    d. NDEA

5. **Las siglas WWW *(world wide web)* significan 'red informática mundial':**

    - Verdadero
    - Falso

6. Se conoce como web semántica a la web:

a. 1.0
b. 2.0
c. 3.0
d. 4.0

7. El uso de la nube como función de la web 3.0 se denomina:

a. *Server cloud*
b. *Driving*
c. *Cloud computing*
d. *Cloud IA*

8. La monetización de datos surge:

a. Con la web 2.0
b. Con la web 1.0
c. Con la web 3.0
d. Con la web 4.0

9. La mejora en la conectividad es propia de:

a. La web 1.0
b. La web 3.0
c. La web 2.0
d. La web 4.0

10. Determina si la siguiente oración sobre la web 1.0 es verdadera o falsa: "Ofrece información dinámica, y una nueva vía de comunicación".

- Verdadero
- Falso

Unidad de aprendizaje 3

Las webblogs

Contenido

1. Introducción
2. Concepto de blog
3. Realización de un esquema en el que se incluya la información relativa a los diferentes tipos de blogs estableciendo sus características propias
4. Principios y técnicas de trabajo con blogs
5. Lectura de documentación sobre los principios y técnicas de trabajo con blogs
6. Terminología con *blogging*
7. Elaboración de un listado con la terminología *blogging* más empleada
8. Pautas para el desarrollo de un blog
9. Colaboración en el diseño de un blog educativo utilizando las distintas herramientas de la web
10. Elaboración de un dosier donde se recopilen las diferentes páginas web que nos sirven como recurso para ampliar información
11. Resumen

Objetivos

El objetivo general de esta Unidad de Aprendizaje es:

→ Reconocer la utilidad pedagógica de las webblogs en el aula.

Los objetivos específicos de esta Unidad de Aprendizaje son:

→ Identificar un blog en función de sus características definitorias y sus distintos tipos.

→ Utilizar los términos que están relacionados con el *blogging*.

→ Reconocer las características de los servidores web más utilizados.

→ Crear blogs adaptados a los objetivos educativos y formativos planteados.

→ Utilizar, de manera didáctica, un blog en el ámbito educativo.

→ Elaborar un dosier en el que se incluyan páginas webs que permitan la ampliación de la información.

1. Introducción

El uso que hoy día se hace de las TIC en el aula conlleva que la necesidad de creación y utilización de páginas webs y blogs que sustenten la actividad didáctica sea cada vez mayor.

En este sentido, es evidente que, si los docentes no tienen un medio electrónico a través del que hacer llegar la información, la introducción de elementos como las redes sociales o las *plataformas e-learning* en la dinámica de aula no es sostenible.

Aquí desempeñan un papel especialmente importante las webblog o blogs (términos sinónimos), ya que procuran, a casi todos los efectos, un medio muy similar a una página web, cuya elaboración y desarrollo no requiere de grandes conocimientos informáticos.

Partiendo de esta idea desarrollaremos la unidad que nos ocupa, y, en ella, Mireia comenzará a darle forma a su plan de inmersión en las TIC.

2. Concepto de blog

De entre las opciones posibles, Mireia cree que lo más conveniente es crear un blog. Ha pensado que ahora mismo es una herramienta que puede cubrirle todas las necesidades pedagógicas que tiene y que, además, le da la oportunidad de poder ampliarla según haga falta o no.

Grosso modo, un blog no es más que una **página web muy simplificada;** tanto que los usuarios pueden generarlas y ponerlas en funcionamiento sin tener conocimiento alguno sobre programación y, a veces, desde una aplicación móvil.

DEFINICIÓN

Blog

Sitio web que incluye, a modo de diario personal, contenidos del interés de su autor, que son actualizados con frecuencia y a menudo comentados por los lectores.

En sus inicios, estas páginas se antojaban similares a cuadernos de bitácora, en los que sus autores hablaban de temas concretos, colgaban recursos o simplemente contaban anécdotas cotidianas que sirvieran de entretenimiento o experiencia a los lectores.

Sin embargo, con el paso de los años, la concepción y forma de utilizar los blogs ha variado considerablemente.

Este crecimiento se ha debido, en gran parte, a la cantidad de **herramientas complementarias** que las principales marcas de internet pusieron a disposición de los creadores.

EJEMPLO

Entre otros muchos ejemplos, Facebook y Twitter permitieron que se usara su imagen para generar botones en blogs, y que así se pudieran compartir las entradas publicadas, de modo automático, en las redes sociales.

Lo mismo ocurre con algunas agencias meteorológicas, que dieron el visto bueno a la instalación de *widgets* simplificados con la previsión de la localidad elegida en dichos blogs.

Igualmente, grandes empresas y organizaciones apostaron por anunciarse en los blogs con más afluencia, generando rendimientos económicos a los autores y publicidad para ellos.

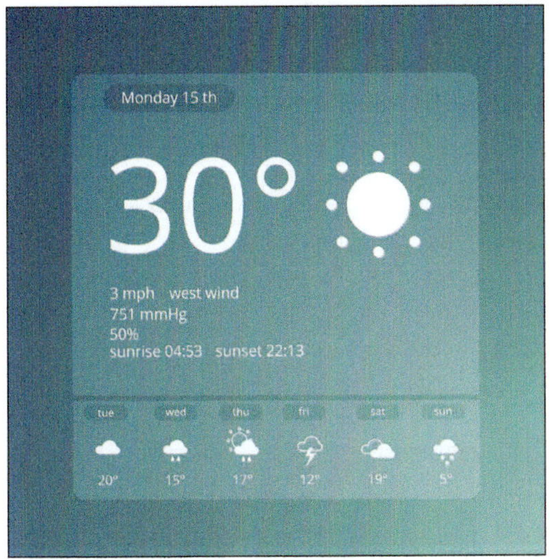

Los widgets son ventanas de información simplificada que permiten la utilización de las funciones más básicas de la aplicación a la que pertenecen sin necesidad de abrirla.

En concreto, en el ámbito educativo, los blogs se tornan en la actualidad como uno de los recursos más utilizados y mejor valorados por los docentes. Esto se debe en gran parte a los aspectos ya comentados; su **facilidad de uso** y, por supuesto, **su versatilidad.**

SABÍAS QUE...

En un blog, se denomina *entrada* a cada una de las publicaciones que realiza el autor.

2.1. Características de los blogs en el ámbito educativo

Son varias las **características** de los blogs que los hacen realmente útiles e interesantes como herramienta TIC en los centros escolares (VV. AA., 2009):

- **Empleo de contenidos multimedia e hipertextuales:** además de fomentar la competencia digital, permite que la información se enlace con otras páginas y pueda ampliarse a antojo del autor, y sin necesidad de aumentar la densidad de la página web.

- **Fácil manejo:** al trabajar con plantillas predeterminadas, la estructura de un blog se convierte en una cuestión básica. Esto conlleva que la atención del alumnado se centre en lo realmente importante, y no en la búsqueda de la información que le han proporcionado.

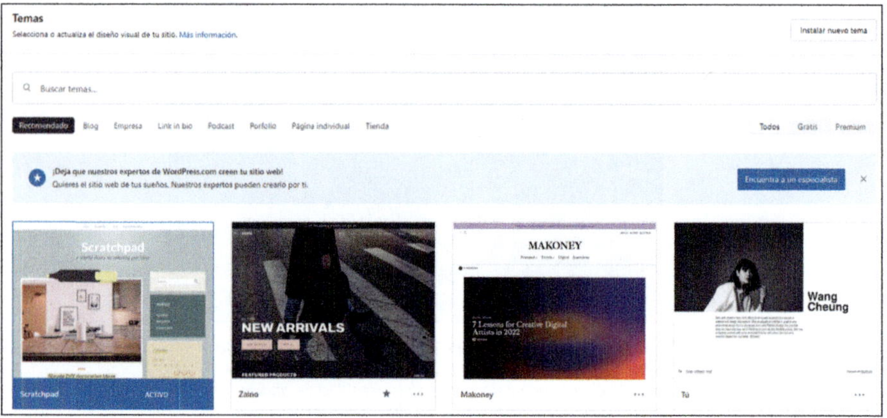

Ejemplos de plantillas gratuitas de WordPress

- **Organización de la información:** por un lado, se produce una organización cronológica de forma automática en todos los blogs. Por otro lado, existe una organización temática que es realizada manualmente por el autor.
- **Intercambio de ideas:** otra de las características de blog es que cada entrada lleva aparejada la opción de comentar lo escrito. Al igual que con otras opciones, los comentarios podrán configurarse para que no puedan ser anónimos, para que la persona que escribe deba registrarse previamente o para que solo pueda hacerlo un grupo de autorizados. Esta última función es muy útil al tratarse de blogs educativos.

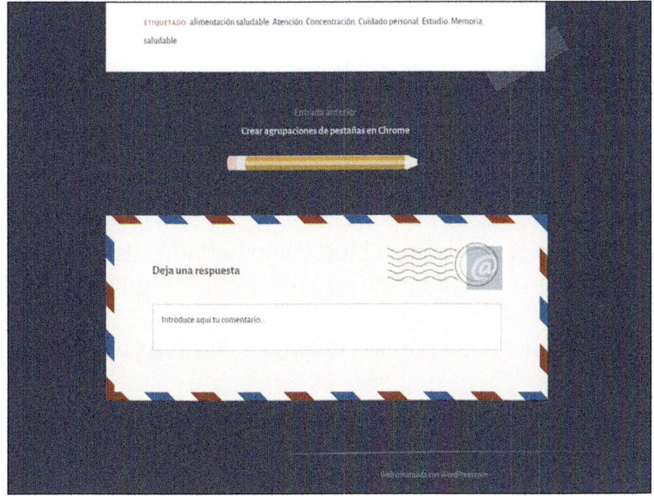

Recuadro de respuestas y comentarios de un artículo de blog en WordPress

- **Uso simultáneo de otras aplicaciones:** al poder enlazar mediante botones y *widgets* otras herramientas, las posibilidades educativas del blog se multiplican.

Enlaces a redes sociales desde el blog de IC Editorial

Como se puede observar, los blogs son herramientas muy prometedoras para trabajar en el aula. Es por ello que, una vez que tenemos claros sus rasgos más básicos, pasaremos a ahondar en la creación y aplicación didáctica de aquellos más populares.

2.2. Tipos de blogs

A la hora de seleccionar el blog como herramienta de trabajo, es necesario tener muy en consideración qué objetivo perseguimos con su utilización.

Generalmente, encontramos **tres tipos de blogs** bien diferenciados:

Blog personal

- Utilizados de forma no profesional para compartir opiniones, *hobbies*, tutoriales, vivencias, reflexiones, etc. Generalmente, su intención es la de compartir información. Sin embargo, muchas personas también lo utilizan para darse a conocer y hacerse un hueco en el mundo *influencer*.

Blog corporativo

- Son los respaldados por empresas, organizaciones e instituciones. El contenido de estos blogs se ciñe a la temática principal de la actividad profesional. Persiguen atraer público hasta su marca o llamar la atención sobre productos concretos.

Microblogging

- Son aquellas aplicaciones a través de las que se publican pequeñas entradas. Estas son similares a un mensaje de texto, con límite de caracteres, pero quedan fijadas en el perfil de la red social. Son complementarias al resto y de fácil acceso, por lo que, en compañía de un blog, se emplean para llegar a más personas y conseguir un aumento de tráfico de página. El *microblogging* más popular es X.

En cuanto al ámbito educativo y formativo, tanto el origen como el objetivo del blog pueden determinar la tipología elegida.

Si quien genera la webblog es la secretaría de un centro, con la intención de promocionar el colegio y enseñar lo que se hace, hablamos de un *blog corporativo*.

Continúa en página siguiente >>

<< Viene de página anterior

Si, por el contrario, lo que se crea es un blog de aula para trabajar un proyecto o para enseñar qué se hace en ella, hablamos de un *blog personal.*

Mireia hace memoria de todos los blogs que existen en su centro educativo. De momento, cae en que Pedro, el profe de Mates, tiene un blog en el que habla de la historia de las matemáticas, de sus aplicaciones, cuenta curiosidades y ofrece recursos gratuitos a otros profes de la materia. Además, cada vez que puede, también cuelga esta información en X. En este caso, ¿de qué tipo de blog está haciendo uso Pedro?

Solución

El blog de Pedro está relacionado con su trabajo, pero no se usa para dar a conocer ninguna de las actividades realizadas en el centro escolar o en su aula, por lo que no puede tratarse de un blog corporativo, sino personal.

En cuanto al *microblogging,* Pedro usa X para reforzar sus publicaciones.

3. Realización de un esquema en el que se incluya la información relativa a los diferentes tipos de blogs estableciendo sus características propias

HILO CONDUCTOR

Después de analizar el caso de Pedro, el profe de Mates, Mireia decide crear una pequeña clasificación en la que pueda determinar con exactitud cuál es el tipo de blog que más le conviene.

Como se venía diciendo, la selección de un tipo u otro de blog dependerá en gran medida de su origen y de su objetivo, o, lo que es lo mismo, de quién lo crea y para qué.

En el caso de los centros educativos, no es distinto, y es que, si observamos esta construcción como si fuera una empresa, todo encaja.

IMPORTANTE

Determinar el tipo de blog que se va a crear es realmente importante para saber cómo ha de enfocarse.

Realmente, la configuración de sus elementos no difiere entre uno y otro tipo.

Aun así, para esclarecer los tipos de webblogs que pueden darse en el entorno de un centro educativo, establecemos el siguiente **esquema:**

Tipo de blog	Definición	Cómo introducirlo en un centro educativo
Blog personal	Utilizados de forma no profesional para compartir opiniones, *hobbies*, tutoriales, vivencias, reflexiones, etc. Generalmente, su intención es la de compartir información.	Se pueden observar en forma de: - **Blog de docentes:** donde cuentan experiencias, métodos y hablan de su trabajo en general. - **Blog de aula:** utilizados para recoger información que los estudiantes van a utilizar en los proyectos que se están desarrollando. - **Blog de alumnos:** siempre y cuando estos se creen para cumplir con tareas educativas (por ejemplo, escribir una bitácora sobre las tareas desarrolladas).

Continúa en página siguiente >>

<< Viene de página anterior

Tipo de blog	Definición	Cómo introducirlo en un centro educativo
Blog corporativo	Son los respaldados por empresas, organizaciones e instituciones. El contenido de estos blogs se ciñe a la temática principal de la actividad profesional.	Pueden encontrarse como: - **Webblog del centro educativo:** mostrando las etapas, servicios, actividades extraescolares, horarios, etc. - **Webblog del AMPA:** con formularios de inscripción e información diversa. - **Blog de aula:** como segunda opción y para promocionar cuestiones relacionadas con el centro. Por ejemplo: un periódico elaborado por esa clase, un viaje escolar, algún premio que se haya otorgado a ese grupo por un proyecto realizado, etc.
Microblogging	Aplicaciones a través de las que se publican pequeñas entradas. Estas son similares a un mensaje de texto, con límite de caracteres, pero quedan fijadas en el perfil de la red social. Complementarios a los dos anteriores.	Uso de **redes sociales** (Twitter y en determinados casos alguna página de Facebook) para hacer llegar a más gente lo publicado en otros blogs.

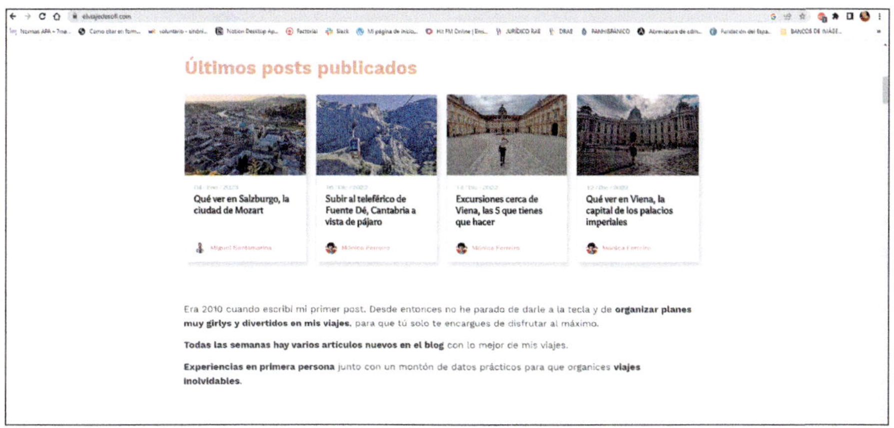

Ejemplo de blog personal. El viaje de Sofí, que así se llama, es un blog sobre viajes y planes en las diferentes ciudades que visita su autora. Se puede acceder a él desde su página <https://www.elviajedesofi.com/>.

Ejemplo de blog corporativo. El blog de la compañía Starbucks (no confundir con su web) hace que la compañía se acerque más al público. Para ello, cuenta historias cotidianas que ocurren en sus establecimientos, habla sobre el personal, sobre plantaciones ecológicas de café, etc.

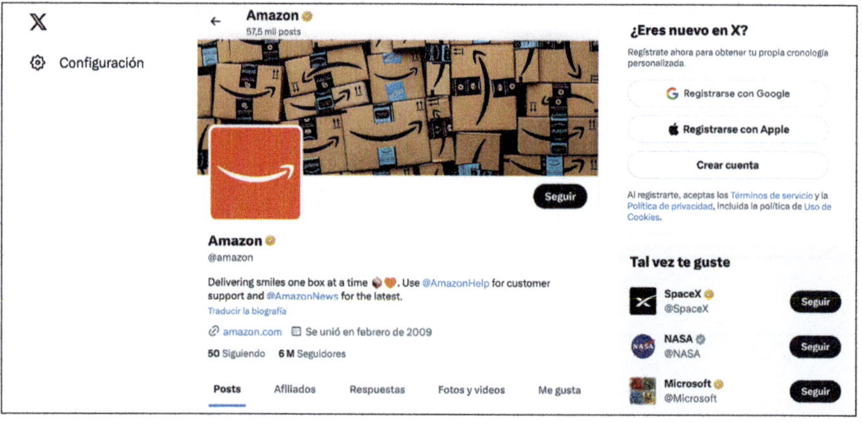

X de Amazon es un ejemplo de microblog. Se publican pequeñas entradas, bien sobre ofertas, nuevos artículos, bien sobre historias de sus clientes.

4. Principios y técnicas de trabajo con blogs

HILO CONDUCTOR

Otro aspecto importante a la hora de utilizar el blog como herramienta educativa es saber cómo se debe enfocar el trabajo con él. Para ello, es fundamental atender a ciertos principios y técnicas de trabajo que marcarán el trabajo que seguir.

El trabajo que se realiza con y a través de una webblog debe decidirse considerando tres pilares esenciales:

Los principios de actuación
- Son una guía sobre lo que se debe y no se debe hacer al usar un blog en el aula. Dichos principios nos dirán hacia dónde tenemos que enfocar la actuación educativa.

Las técnicas de trabajo
- Nos enseñarán el cómo de la aplicación didáctica, o, lo que es lo mismo, qué pasos debemos seguir para implementar el blog.

Las aplicaciones didácticas
- Responden a para qué podemos usar un blog en un aula.

Estos tres pilares no deben trabajarse de forma aislada, ya que las decisiones que se tomen sobre uno de ellos afectarán al resto, y viceversa.

Dada su importancia, los ampliaremos a continuación.

4.1. Principios de trabajo con blogs

Los **principios** de trabajo que se usan con los blogs son pautas para implementar esta herramienta en el día a día del aula.

Esos principios conforman una guía práctica de la posición que conviene adoptar ante este tipo de implementación tecnológica.

NOTA

Algunos de estos principios son muy generalistas y pueden utilizarse con cualquier tipo de blog.

Entre ellos destacan:

- **Accesibilidad:** el blog debe ser una herramienta accesible para todos los estudiantes a los que se dirija. Dada la diversidad del alumnado, hay que procurar que sea una página intuitiva y que sus recursos estén al alcance de cualquiera sin que haya que rebuscar demasiado en su estructura.
- **Sencillez:** este criterio va de la mano con el principio de accesibilidad. Con él se intenta que cualquiera pueda entender la información expuesta en el blog, sin necesidad de que un docente haga las veces de intermediario o experto.
- **Concordancia:** la información expuesta en el blog tiene que ser acorde a la población a la que se dirige, a su nivel de comprensión, vocabulario, idioma, etc.
- **Concordancia:** la información expuesta en el blog tiene que ser acorde a la población a la que se dirige, a su nivel de comprensión, vocabulario, idioma, etc.
- **Compromiso:** la implementación de una herramienta de este tipo requiere de compromiso por parte de su autor, lo que supone que el contenido tiene que estar actualizado, que las formas de contacto deben ser útiles y que las publicaciones tienen que ser periódicas.
- **Objetividad:** el contenido generado no debe estar sesgado por la opinión del docente o del centro educativo, tanto si se trata de un blog corporativo como de uno personal con diversos fines.

4.2. Técnicas de trabajo con blogs

Al referirnos a las técnicas de trabajo con blog, hacemos hincapié en la manera en que se usará esta herramienta para que realmente su fin sea educativo.

En el ámbito educativo, los blogs suelen utilizarse como cuaderno de bitácora de un aula o como herramienta de apoyo a la docencia.

Desde esta perspectiva, podemos considerar **técnicas de trabajo** con blogs las que siguen:

- **Coordinación:** en caso de que el proyecto se lleve a cabo de forma conjunta con otras materias o departamentos, es importante que exista una buena coordinación entre todos los colaboradores. Así se conseguirá avanzar en la misma dirección y que se cumplan los principios de actuación mencionados anteriormente.
- **Comunicación:** la comunicación debe ser bidireccional y constante, tanto si se trata de un proyecto en el que únicamente participa un docente con sus estudiantes como si hablamos de un proyecto conjunto con varios docentes y clases. Es necesario que todos los aspectos que rodean al uso del blog queden bien definidos, evitando usos indebidos, que se utilice información falsa o errónea y delimitando las tareas y a sus ejecutores.
- **Aprendizaje previo:** aunque, por norma general, tanto docentes como estudiantes estarán al tanto de qué es un blog y cómo se utiliza, habrá que organizar algunas jornadas introductorias en las que el coordinador se asegure de que los participantes dominan el entorno y, además, se aproveche para exponer la finalidad del proyecto.
- **Establecimiento del modo de trabajo:** aprovechando las jornadas introductorias, habrá que fijar cuáles son los límites de uso del blog, quiénes pueden acceder a qué, para qué se va a usar el blog, qué se persigue con el proyecto, cómo se van a formar los equipos, cómo se tratará la información, así como un largo etcétera en el que se desarrollen minuciosamente todos los detalles del proyecto.
- **Cooperación y liderazgo compartido:** si algo deben tener claro los estudiantes es que todo lo que se haga es cooperativo, y que todas las decisiones se toman entre todos los miembros del grupo. Nadie es mejor que nadie, y todas las opiniones son igual de importantes.

4.3. Aplicaciones didácticas de los blogs

Como recurso didáctico, los blogs poseen multitud de aplicaciones, sobre todo si nos centramos en el uso simultáneo de metodologías activas para los estudiantes, cooperativas o colaborativas.

Si las clasificamos, quedarían de la siguiente manera:

- **Como banco de recursos:** funciona de forma similar a las WebQuest. En este caso, se trataría de compilar los materiales y la información necesaria para llevar a cabo ciertas actividades o proyectos.

- **Enriquecimiento didáctico:** los blogs permiten añadir contenido multimedia en sus publicaciones, lo que permitirá enriquecer la información proporcionada a los estudiantes durante las sesiones.

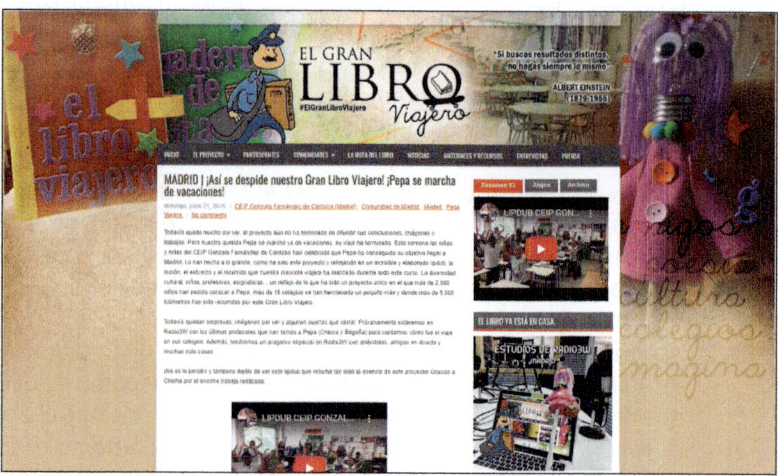

Artículo del blog El gran libro viajero. En su interior se han enlazado imágenes y vídeos de YouTube.

- **Aplicación de las metodologías cooperativas y colaborativas:** al tratarse de un recurso que se vale de conexión a internet, el blog da la oportunidad tanto a los docentes como a los estudiantes de que no todo el trabajo deba hacerse congregados en un mismo lugar.
- **Creación de un diario de aula o revista escolar:** según como se enfoque su formato, un blog puede servir como herramienta de acercamiento al mundo digital y TIC. Una buena manera de comenzar es crear un diario común de clase o una revista escolar digital a través de ellos.
- **Compartir lo aprendido:** esta herramienta también se configura como una buena forma de publicitar aquellos proyectos elaborados, productos finales presentados y resto de experiencias realizadas en el aula.
- **Fomento del debate:** a través de los comentarios que podrán publicarse en cada entrada del blog.
- **Creación de un diario de aula o revista escolar:** según como se enfoque su formato, un blog puede servir como herramienta de acercamiento al mundo digital y TIC. Una buena manera de comenzar es crear un diario común de clase o una revista escolar digital a través de ellos.
- **Elaboración de productos finales especializados:** como audioblogs, videoblogs, moblogs o fotoblogs.
- **Creación de webblog para el aula o institución educativa:** a través de estas páginas, se les facilita el contacto con los docentes, con la institución en sí, la publicación de sugerencias, y, además, procura que estén al día de todos los eventos importantes.

Página web del Departamento de Orientación del IES Luis de Góngora (Madrid)

SABÍAS QUE...

Los moblogs son blogs especializados en la difusión de contenidos desde dispositivos móviles.

TAREA 6

La última vez que Mireia introdujo herramientas digitales en el aula lo hizo con las redes sociales. Sin embargo, echó en falta tener algo menos efímero como base de su proyecto TIC.

Con la intención de implementar el blog como un elemento más de sus clases, ha solicitado opiniones en la última reunión de departamento.

Quiere comenzar por algo muy concreto, y es que ha pedido a su grupo que presenten varios trabajos sobre la generación del 27. Cada equipo tendrá que exponer detalles concretos: qué es, autores que se incluyen, características de la literatura de esa generación, lugares destacables, etc.

Continúa en página siguiente >>

<< Viene de página anterior

Considerando estos detalles, ¿podrías proponerle a Mireia tres formas de utilizar el blog en esta temática?

5. Lectura de documentación sobre los principios y técnicas de trabajo con blogs

HILO CONDUCTOR

Para evitar que la teoría se quede únicamente en eso, teoría, y que todo el departamento entienda las implicaciones de los principios y técnicas de trabajo con blogs, Mireia comienza la búsqueda de documentación que ejemplifique todo lo estudiado sobre este tema.

En este caso nos centramos en un documento elaborado por la **Universidad Politécnica de Madrid, en 2018,** para incentivar el **uso educativo de los blogs.**

En esta guía, además de definir el blog, sus características y estructura, también se hace hincapié en sus aplicaciones didácticas y en una serie de **consejos prácticos para su utilización.**

Es en este último apartado donde realizaremos una parada para analizar los **principios y técnicas** que desde aquí se aplican al uso de los blogs (Martín, 2018):

- **Práctica previa:** el docente no podrá enseñar nada acerca del uso de blog, ni implementarlo en su práctica educativa, si antes no ha experimentado con él.
- **Pensamiento crítico:** con el uso de los blogs se persigue el fomento del pensamiento crítico, ya sea mediante debates, la exposición de diferentes puntos de vista al compartir experiencias educativas, haciendo del blog una herramienta colectiva, etc.
- **Brevedad y continuidad:** son las dos premisas de los artículos del blog; breves, que capten interés y de publicación periódica.
- **Tipo de blog:** debe ajustarse al proyecto que se esté llevando a cabo.

- **Organización y creación de contenidos:** aunque los estudiantes sean los encargados de elaborar el contenido, depende de los docentes cómo se organice.
- **Normas:** antes de ponerlo en marcha tendrán que establecerse normas de publicación (frecuencia, estructura de los artículos, temas que tratar, etc.) y criterios de actuación (permisos de usuario, edición, correcciones...).

PARA SABER MÁS

Puedes acceder al documento completo desde aquí:

https://redirectoronline.com/ssce010po0301

ACTIVIDAD COMPLEMENTARIA

8. Analiza, utilizando el documento sobre el que estamos haciendo la lectura, el término *edublog*.

   Una vez que lo tengas localizado, responde:

   - ¿Qué definición recibe?
   - ¿A qué se refiere el concepto de aula extendida?
   - ¿Hacia qué ámbito se orientan las competencias trabajadas con estos medios?

6. Terminología con *blogging*

HILO CONDUCTOR

Al seguir estudiando sobre la materia, Mireia se da cuenta de que existen muchos términos alrededor del mundo blog que no llega a comprender.

Para que no supongan un obstáculo, decide anotarlos.

Blogging es un anglicismo que hace referencia a acciones relacionadas con el mantenimiento de un blog.

DEFINICIÓN

Blogging
Conjunto de acciones que se realizan para mantener activo y actualizado un blog.

Estas acciones implican mucho más que la mera escritura de artículos. También es necesario tener ciertos conocimientos de SEO, desenvolverse con soltura en la configuración del blog, identificar el objetivo y el público, así como saber dirigirse a ellos, generar contenido multimedia, y un largo etcétera.

SABÍAS QUE...

El SEO *(search engine optimization)* es el proceso a través del que se aplican ciertas estrategias de posicionamiento web en los textos publicados en internet.

Para ello, se emplean ciertos términos o disparadores que dan como resultado que los motores de búsqueda localicen antes unas webs que otras.

Dichas tareas tienen nombre propio, así como quién las realiza, y todas ellas se configuran como **terminología *blogging*.**

6.1. Orígenes del *blogging*

Blogging proviene de la palabra *blog;* término muy popular referido a una página sencilla de internet, desarrollada a modo de diario personal, y a través de la que se expone contenido centrado en una temática concreta.

Sin embargo, el concepto *blog* no surgió sin más. *Blog* es la contracción de *webblog,* término que en la actualidad se relaciona con blogs más sofisticados y similares a las webs, pero que, en sus orígenes, eran la versión más sencilla de un *blog.*

SABÍAS QUE...

La traducción literal de *webblog* es 'bitácora web', o, lo que es lo mismo, un diario *online.*

Este proceso de creación de palabras derivadas es el claro ejemplo de cómo se origina la terminología que citamos.

Los distintos tipos de blogs también pueden diferenciarse por el trabajo de blogging que hay detrás de ellos. A modo de ejemplo, un blog personal no suele implicar las mismas tareas de SEO que uno institucional.

6.2. *Blogging vs vlogging*

Blogging y *vlogging* pueden parecer sinónimos, pero no es el caso.

Si bien es cierto que ambas son palabras derivadas del término *blog* y, por tanto, están relacionadas con él, sin embargo, su significado no es el mismo, y es necesario dejar constancia de ello.

DEFINICIÓN

Vlogging
Es la creación de un videoblog, o, dicho de otro modo, la generación de contenido blog mediante vídeos subidos a internet.

En los últimos años, este concepto ha entrado en auge, en parte por su facilidad a la hora de crear contenido.

Igualmente, plataformas como YouTube, Instagram o TikTok han facilitado enormemente que muchos personajes populares de la red se hayan decantado por este tipo de contenido, en lugar de seguir escribiendo.

VÍDEO

Ingrid Mosquera puede considerarse una vlogger educativa. A través de su canal IMGENDE TIC, pone al día a los docentes sobre herramientas TIC y su aplicación en el aula. Para ver un ejemplo accede desde aquí:

https://redirectoronline.com/ssce010po0302

7. Elaboración de un listado con la terminología *blogging* más empleada

HILO CONDUCTOR

Aunque ya entiende la raíz de los términos blogueros, estas palabras siguen trayendo de cabeza a nuestra profe. Sus anotaciones han pasado a convertirse en un listado ordenado alfabéticamente.

Entre los términos *blogging* más utilizados encontramos:

- A
  - **Audioblogging: blogging** que se realiza utilizando audios en lugar de vídeos o texto. Popularmente se les conoce como pódcasts.
- B
  - ***Backlink:*** enlace que deriva de modo externo a una web.
  - **Blog:** sitio web que incluye, a modo de diario personal, contenidos del interés de su autor que son actualizados con frecuencia y a menudo comentados por los lectores.
  - **Blog público:** al que todo el mundo tiene acceso. No se piden credenciales o registros para ver su contenido.
  - **Blog privado:** a pesar de estar publicado en internet, tan solo puede verse mediante registros o contraseñas.
  - ***Blogger*/bloguero:** administrador o autor de un blog.
  - ***Blogging:*** conjunto de acciones que se realizan para mantener activo y actualizado un blog.
  - **Blogosfera:** así se conoce a todos los blogs y blogueros existentes en la red.
  - ***Blogroll:*** son enlaces a otros blogs "amigos" y recomendados por el administrador/autor.
- D
  - **Dominio:** dirección por la que se identifica y accede al blog o web. Por ejemplo www.iceditorial.com

- E

  - **Entrada:** también conocida como *post*. Así se denomina a las publicaciones hechas en un blog.
  - **Etiqueta:** cada una de las agrupaciones bajo las que se organizan las entradas de los blogs. Por ejemplo, si existe una etiqueta que se denomine "TIC" y pulsamos en ella, nos aparecerán todos los artículos del blog que hablen sobre ese tema y que estén etiquetados de esa forma.

- H

  - **Hipervínculo:** enlace que deriva al usuario a otra página alojada en la misma web o en otras externas. La dirección web puede insertarse en textos o imágenes.
  - ***Hosting:*** es el espacio que un servidor de internet deja a un blog o página web. Existen proveedores de *hosting* que incluyen multitud de servicios. Los *hostings* tienen que abonarse; a mayor precio, mayor espacio y funcionalidades para la web.
  - **HTML *(hyper text markup language):*** lenguaje de programación que se utiliza para crear páginas web.

- K

  - ***Keywords* (palabras clave):** son las utilizadas como disparadores SEO.

- P

  - ***Plugging:*** aplicación de un *hosting* que aumenta su funcionalidad y, por tanto, la del blog o web.
  - ***Post:*** entrada de blog.
  - **Postear:** escribir un *post* o una entrada de blog.

- S

  - **SEO *(search engine optimization):*** es el proceso a través del que se aplican ciertas estrategias de posicionamiento web en los textos publicados en internet.

- T

  - **Tema:** plantilla usada para dar forma y distribuir los elementos que conforman un blog.
  - **Tráfico inorgánico:** visitas recibidas gracias a la publicidad pagada por el autor o administrador.

- **Tráfico orgánico:** visitas recibidas gracias a los resultados de un motor de búsqueda.

- V
  - *Vlogging:* creación de un videoblog.

- W
  - **Webblog:** bitácora web; blog.

8. Pautas para el desarrollo de un blog

HILO CONDUCTOR

Una vez que la teoría está aclarada, Mireia comienza a interesarse por cómo crear su primer blog.

Antes de empezar, quiere asegurarse de cuáles son los *hostings* más habituales y compatibles, porque, al tratarse de alumnos, necesita que la herramienta que utilice esté al alcance de todos.

Por norma general, la elaboración de un blog sigue patrones bastante definidos y sencillos.

El motivo es que la estructura básica de un blog suele ser la misma independientemente del servidor que elijamos.

La estructura de un blog no solo depende del *hosting* que se utilice, sino también del tipo de plantilla que se aplique.

Los elementos básicos y comunes en los blogs son:

- **Encabezado:** también denominada *cabecera*. Comprende el área superior de la página. En ella se pueden ubicar elementos como el título del blog, su descripción, y, además, algún logo representativo o imagen del autor a modo de presentación. También en esta zona, aunque más adentrado a los laterales, se sitúan los datos de contacto del autor, el menú de navegación (por lo general, etiquetas clasificatorias de las entradas), así como otros *gadgets* que se quieran insertar ahí.

Encabezado, área de publicaciones y barra lateral. Blog de IC Editorial

- **Área de publicación:** es el área más extensa e importante del blog. Allí se ubicarán las entradas o *posts* del blog. Su título suele ser reconocido en los motores de búsqueda de Google. En su desarrollo tienen cabida todo tipo de elementos multimedia básicos. Al finalizarlo, se encontrará el espacio destinado a los comentarios de los lectores.
- **Barra lateral:** son los espacios verticales que quedan a la derecha e izquierda del área de publicación. En ella, además de aparecer información de interés, también se pueden encontrar otras herramientas insertadas por el autor.
  Por ejemplo, los contadores de visitas, los localizadores de usuarios, algunos datos de contacto, e incluso el enlace a otras páginas similares y de interés, son algunos de los recursos empleados para rellenar las barras laterales de los blogs.
- **Pie de página:** es otra zona similar a la barra lateral. Suele ser poco utilizada porque, por norma general, las empresas utilizan esta área para incluir sus datos y dar así a conocer, al lector, de dónde proviene el blog que está visualizando.

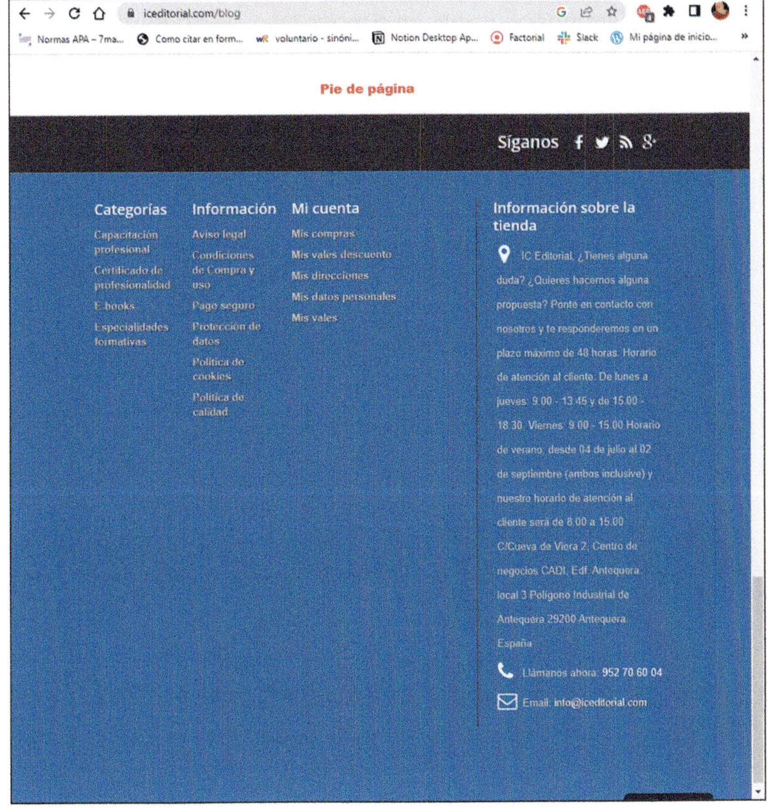

Pie de página. Blog de IC Editorial.

VÍDEO

Puedes ver un vídeo donde se amplían de forma más visual las estructuras básicas de un blog, y, además, se dan las primeras pinceladas en la creación con Blogger, accediendo desde aquí:

https://redirectoronline.com/sead227po0304

Para poder ahondar algo más en el modo en que se desarrollan las webblogs, nos detendremos en los dos *hostings* más habituales: WordPress y Blogger.

8.1. Creación de blogs con WordPress

WordPress es un sistema de gestión de contenidos que da al usuario la posibilidad de crear tanto blogs como páginas web de diversas maneras.

SABÍAS QUE...

Los sistemas de gestión de contenidos son también conocidos por sus siglas en inglés CMS *(content management system).*

Dentro de WordPress debemos señalar **dos tipos.** Escogeremos uno u otro en función del tipo de web o blog que tengamos pensado desarrollar. Así, encontramos:

wordpress.org

- Es el alojamiento de WordPress desde el que se puede descargar su *software* para instalarlo en un *hosting* previamente contratado, para desde ahí crear la web. Es abierto, libre y gratuito, de ahí que los *widgets, plugins,* plantillas de creación y herramientas similares puedan utilizarse sin coste alguno. Además, no incluye publicidad "obligatoria".

wordpress.com

- Esta opción es la más utilizada en caso de que la intención sea crear un blog sencillo. Por ello, al entrar en wordpress.com no tendremos que realizar ninguna descarga. Sin embargo, al contrario de la primera versión, wordpress.com, en su versión gratuita, tiene sus limitaciones. Las plantillas de creación son restringidas, incluye publicidad insertada por la compañía y no permite instalar plugins, entre otras cuestiones. Si se desea acceder a todo esto, habrá que contratar un plan *premium.*

NOTA

Los *plugins* son pequeñas aplicaciones, similares a los widgets, que se instalan con el objetivo de aumentar la funcionalidad de una web o blog.

ACTIVIDAD COMPLEMENTARIA

9. Como ayuda para esta actividad y ampliar tus conocimientos sobre WordPress, te recomendamos consultar dos webs, puedes acceder a ellas desde aquí:

www.wordpress.org	www.wordpress.com

https://redirectoronline.com/ssce010po0304	*https://redirectoronline.com/ssce010po0306*

Sin llegar a crear una cuenta, pero sí navegando por estas páginas, intenta identificar:

- Los servicios gratuitos que se ofrecen desde wordpress.com. Cómo se define wordpress.org en su página de inicio.
- Desde qué sección de wordpress.org se pueden descargar plantillas para el blog, y si son todas gratuitas.
- Qué otros servicios ofrece wordpress.com, además de la creación de blogs.

Cuando hayas finalizado, comparte tus hallazgos con tus compañeros. ¿Habéis coincidido en las respuestas? ¿Qué opción os parece más viable para crear un blog educativo?

En nuestro caso, hemos optado por la opción más sencilla, que es wordpress.com, sin instalación de ***software*** y en su versión gratuita.

Para comenzar, accederemos a la página principal de WordPress. Desde allí clicaremos en **Empieza a crear tu página web.**

Desde la página principal de WordPress, podremos, entre otras cosas, comenzar a elaborar nuestro blog y consultar los planes premium que poseen.

PARA SABER MÁS

Para acceder a la página principal de WordPress, puedes hacerlo desde aquí:

https://redirectoronline.com/ssce010po0307

Al ingresar, nos solicitará que creemos una **cuenta de WordPress,** para lo que partiremos de cualquier *e-mail* de Google o Apple que ya tengamos. En cualquier caso, es recomendable **crear la cuenta de WordPress.**

Una vez introducida la cuenta de *e-mail,* WordPress tomará nuestros datos, nos solicitará que seleccionemos el tipo de plan, que introduzcamos datos bancarios (a pesar de elegir el sitio gratuito) y finalmente nos dará acceso a nuestra página principal.

Captura de pantalla de la página de WordPress en la que se muestran los planes disponibles.

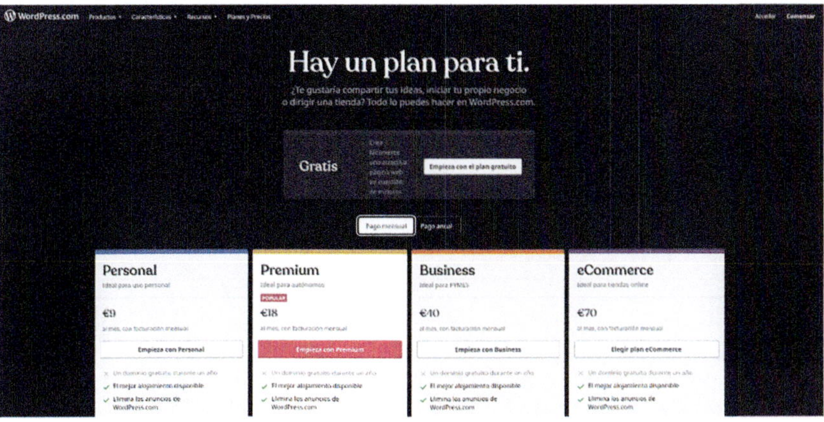

Página de WordPress en la que se muestran los planes disponibles.

Al comenzar a crear el sitio, WordPress nos solicita que cumplimentemos los siguientes **datos básicos:**

- **Tema sobre el que trata el blog:** además de elegir en un desplegable un tema concreto, también solicitará que se realice una pequeña descripción.
- **Vista previa:** cuando se haya seleccionado el contenido que incluye el blog, y la plantilla y el tema que le den formato, WordPress nos permitirá una vista previa del blog, a fin de que se realicen las modificaciones pertinentes.
- **Nombre del blog:** hay que escribir un título, que será el encabezado de nuestra página.
- **Dominio:** generalmente, relacionado con el nombre del blog o su temática. En el caso de páginas gratuitas, irá acompañado de "wordpress.com".

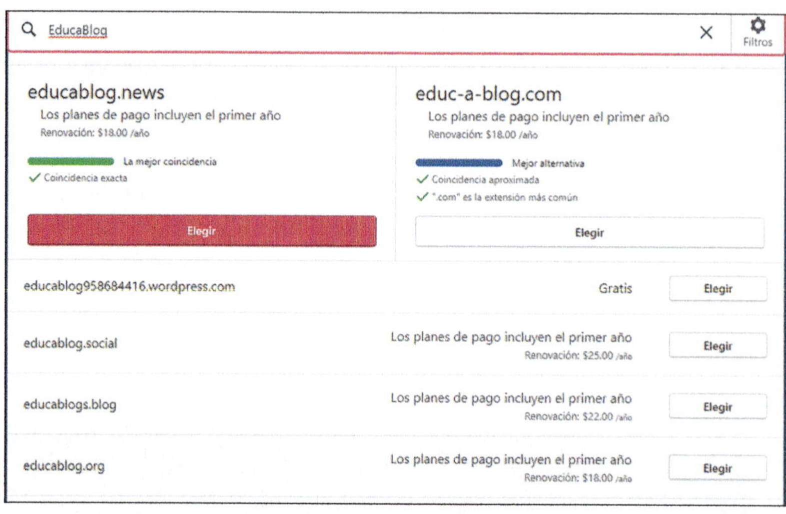

Ejemplo de solicitud del dominio EducaBlog, así como las recomendaciones de WordPress y los diferentes planes de pago que transformarán dicho dominio.

IMPORTANTE

Desde la página de perfil, asignada a cada usuario de WordPress, se podrá acceder a su servicio de ayuda. Allí explicarán paso por paso cómo realizar la configuración del blog.

Una vez finalizado, se reingresará en la cuenta con el correo electrónico proporcionado en primer lugar, y tendremos acceso a un blog creado, al que únicamente habrá que realizarle pequeños ajustes de color, formato, etc.

TAREA 7

Mireia tiene construida una página gratuita con WordPress. La creó hace muchos años y, al no usarla, la abandonó.

Ahora que se está poniendo al día sobre la utilización de las webblogs en el aula, ha decidido retomarla. Sin embargo, las condiciones del *hosting* han cambiado.

Continúa en página siguiente >>

<< Viene de página anterior

En este punto, Mireia se fija un objetivo en el que tienes que participar: averiguar qué planes le ofrece WordPress y lo que incluyen.

8.2. Creación de blogs con Blogger

Para empezar a crear un blog en Blogger, accederemos a su página web principal. Tal como entremos, y sin ningún tipo de preámbulos, se nos ofrecerá la posibilidad de crear un blog.

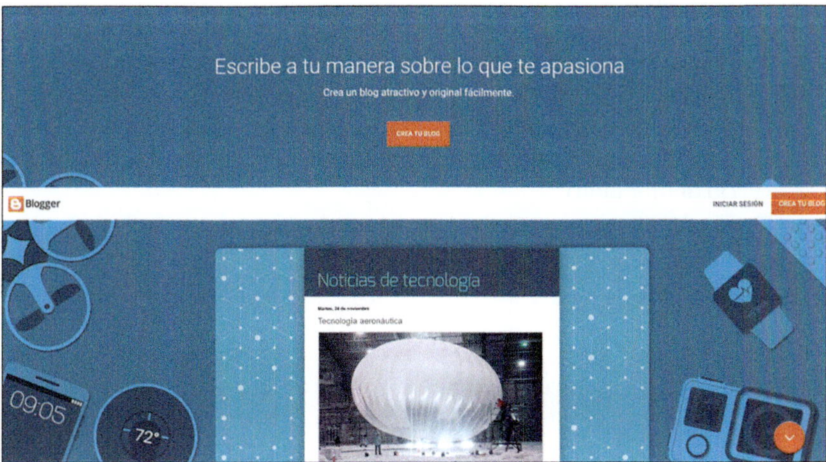

Página principal de Blogger, en el caso de acceder a ella sin tener activa la cuenta de Google.

Tras pulsar **Crea tu blog,** tendremos que insertar nuestra dirección de correo electrónico de Gmail o cuenta Google.

PARA SABER MÁS

Para consultar la página web Blogger, puedes hacerlo desde aquí:

Continúa en página siguiente >>

<< Viene de página anterior

https://redirectoronline.com/ssce010po0307

A continuación, se nos pedirán los primeros **datos de configuración** del nuevo blog:

- **Dirección:** es decir, el dominio del blog. En este caso, no se mantiene el nombre del servidor, sino que la terminación será "blogspot.com".
- **Tema:** son las plantillas de creación. Incluye el fondo, tipo de letra y una estructura concreta que lo acompaña. Este puede cambiarse en cualquier momento.
- **Título:** aparece en el encabezado de la página

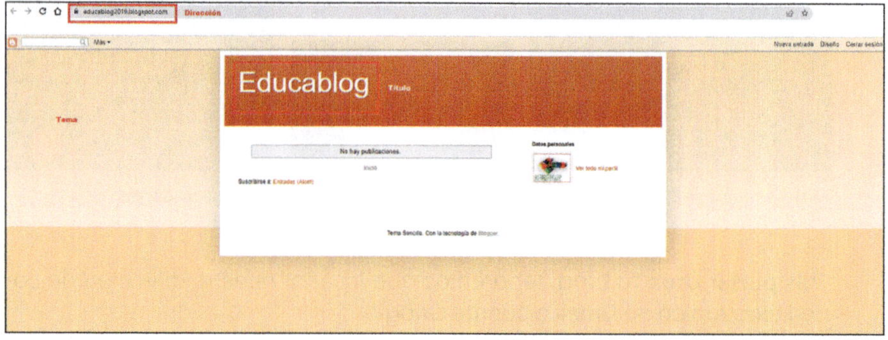

Blog creado en Blogger, sin entradas publicadas, en el que se diferencian los elementos básicos de la página.

PARA SABER MÁS

Durante su configuración, Blogger ofrece al usuario la opción de utilizar Google Domains para registrar un dominio más "visual" para los lectores y facilitar que

Continúa en página siguiente >>

<< Viene de página anterior

el blog sea encontrado rápidamente, si quieres consultar esta opción puedes hacerlo en Google Domains, accediendo desde aquí:

https://redirectoronline.com/ssce010po0309

También puedes visualizar el ejemplo anterior sobre el dominio de Blogger Educablog - *Experimentos con bitácoras en el mundo de la educación*, accediendo desde aquí:

https://redirectoronline.com/ssce010po0308

A partir de aquí, el nuevo blog está creado y comienza su configuración. Para finalizarla, desde la página principal del blog tendremos a la vista las **opciones** de:

- **Entrada:** para crear una o ver las ya publicadas.
- **Estadísticas:** de las visitas recibidas.
- **Comentarios:** los que se han publicado en cada entrada, su configuración, privacidad o restricciones.
- **Ingresos:** en caso de querer monetizar el blog, desde esta sección podrá gestionarse.
- **Páginas:** que sirven para distribuir nuestras entradas o temas que tratar. Desde allí podrán gestionarse, crearse o eliminarse.
- **Diseño del blog:** centrado en la estructura del blog, su ubicación y los *gadgets* que se quieren añadir o quitar.
- **Temas:** esté menú abarca desde los temas disponibles hasta los colores que se desean usar en cada sección, e incluso el tipo de letra.

- **Configuración:** incluye los datos del autor, de qué forma se quieren mostrar, la edición del dominio, título del blog, idioma, contacto, etc.

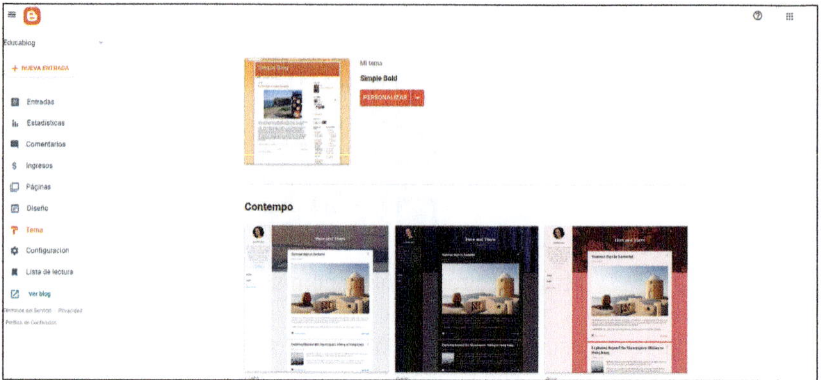

Página de ajustes de un blog hecho con Blogger

9. Colaboración en el diseño de un blog educativo utilizando las distintas herramientas de la web

HILO CONDUCTOR

Es el momento de ponerse manos a la obra y crear una webblog para el área de Lengua Castellana y Literatura.

Mireia ha de tener algunos aspectos especialmente claros antes de construir su blog, y es que, dependiendo de su objetivo, tendrá que configurarlo de una u otra manera.

Como hemos venido refiriendo a lo largo del tema, la finalidad con que se crea un blog determina en gran medida su configuración.

Uno de los objetivos que se persigue habitualmente con ellos es que sirvan de punto de encuentro para docentes y estudiantes, que podrán llevar a cabo diversos proyectos colaborativos a través de esta herramienta.

En tal caso hablamos de **blogs colaborativos,** y es en el concepto que vamos a centrarnos a continuación.

DEFINICIÓN

Blog colaborativo
Sitio web en el que se publican cronológicamente artículos de varias personas (EMTIC, 2019).

Como punto de partida, habrá que contar con la figura de un **coordinador,** que es quien se encargará de la creación del blog, configuración, administración y mantenimiento.

Una vez generado y aplicados los ajustes necesarios, el coordinador invitará al resto de colaboradores y les asignará los **permisos** pertinentes.

En este sentido, hay que tener en cuenta **dos aspectos:**

Para qué se utiliza el blog

- Lo más habitual es que las actividades colaborativas se realicen entre docentes (por ejemplo, compañeros de un mismo centro formativo o del mismo departamento educativo) que quieren dar a conocer su trabajo, o entre docentes y estudiantes, en cuyo caso suele tratarse de proyectos derivados de la formación que reciben los segundos.

Quién participa en el proyecto colaborativo

- Dependiendo de la opción anterior que haya sido escogida, los participantes en el proyecto serán unos u otros. En otras palabras, tan solo serán docentes, o, por el contrario, el equipo estará compuesto por docentes y estudiantes.

Así, si se trata de un **blog compartido entre docentes,** probablemente todos tengan los mismos permisos de actuación sobre el blog. Sin embargo, si se trata de un **proyecto realizado por docentes y estudiantes,** es habitual que los segundos tan solo tengan permisos de creación y edición de los posts asociados a su cuenta.

En lo que respecta a dicha **creación de cuentas o usuarios,** partimos aquí de que todos los usuarios deben tener un ***e-mail*** con el que poder registrarse. Este paso previo es obligatorio en cualquier caso y en todos los servidores de webblog.

Los servidores de webblog admiten cualquier tipo de cuenta de correo electrónico, ya sea de un operador conocido o una cuenta corporativa con un dominio propio.

Independientemente del tipo de *e-mail* o de los servidores que los sustenten, el **alta de usuarios en un blog** también nos ofrece varias alternativas.

Proyecto interdocente

- Es posible que las cuentas de *e-mail* sean corporativas e incluyan un dominio propio. Si no es así, se pueden acordar opciones que faciliten el acceso en función del proyecto, como, por ejemplo, crear un *e-mail* para un departamento, hacer todas las cuentas en el mismo servidor donde se haya creado el blog o, simplemente, que cada uno utilice la suya.

Proyecto colaborativo con estudiantes

- Caben dos perfiles: los **centros que asignan cuentas corporativas a alumnos** (como, por ejemplo, las universidades) o aquellos que no lo hacen, y, por tanto, cada estudiante posee una **cuenta propia** con un servidor diferente. En cualquier caso, dependiendo del perfil del proyecto, quizá sea más interesante que el docente genere un *e-mail* para cada equipo, en lugar de dar de alta a cada estudiante.

Por último, pero no menos importante, hay que recordar la necesidad de que las **normas de utilización y las fases del proyecto** siempre estén presentes en los participantes.

Para ello, es recomendable que, antes del alta de los usuarios, el coordinador genere varias entradas privadas, documentos o *e-mails,* que sean de fácil acceso para los participantes y donde se explique, con total claridad, cómo deben proceder en la utilización del blog.

Igualmente, es interesante que hagan reuniones previas donde se explique el procedimiento, se resuelvan dudas personalmente, y donde pueda crearse un calendario común de actuación.

Llegados a este punto, tenemos la información suficiente como para dar los primeros pasos en la creación de un blog, y, dado que este tipo de aprendizajes se realiza a través de la práctica, nos centraremos en este punto en construir nuestro propio blog.

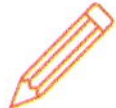

ACTIVIDAD COMPLEMENTARIA

10. Partiendo de la información contenida en la unidad y para que seas capaz de elegir qué tipo de blog te interesa como profesional educativo te proponemos las siguientes tareas:

    - Crea un blog en uno de los hostings que hemos estudiado.
    - Elige el tema concreto sobre el que va a tratar.
    - Escribe tu primer post.

10. Elaboración de un dosier donde se recopilen las diferentes páginas web que nos sirven como recurso para ampliar información

HILO CONDUCTOR

Siendo fiel a sus costumbres, Mireia hace una recopilación de todas las webs de interés que ha consultado para aprender sobre el uso de los blogs en el ámbito educativo.

Para que su listado sea lo más completo posible, sigue utilizando el método del dosier para su creación.

Al igual que en unidades anteriores, recordamos las claves de elaboración de un dosier:

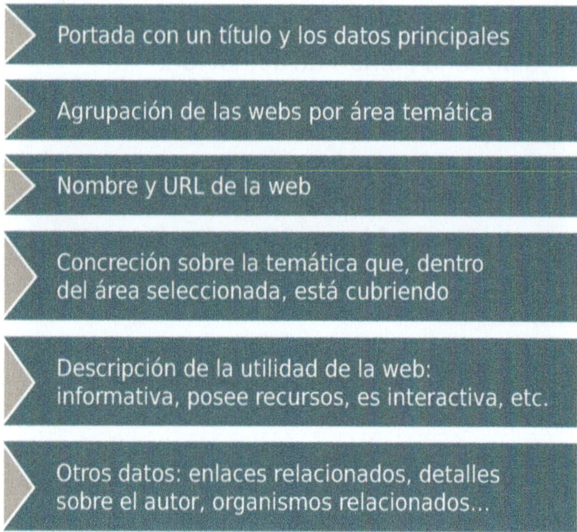

EJEMPLO

En caso de querer elaborar un dosier sobre páginas web dedicadas al aprendizaje sobre el uso de los blogs en el ámbito educativo, lo mejor es ponernos en situación.

Como suele ser costumbre, supongamos que Mireia quiera hacer de nuevo una recopilación de este tipo de webs, y, así, cuando vaya a crear su blog, tendrá recopilada la información necesaria.

Como ya conocía los planes de precios de WordPress, esta vez se ha decantado por Blogger, por lo que las webs seleccionadas incluirán información sobre este tipo de blog.

De ellas interesa saber, principalmente, la siguiente información:

- La dirección.
- La información de utilidad que contiene.
- La URL que enlaza con la información que nos interesa.

Continúa en página siguiente >>

<< Viene de página anterior

Para observar un ejemplo práctico, utilizamos la página de soporte técnico de Google. En ella se explica cómo crear un blog con Blogger.

https://redirectoronline.com/ssce010po0310

Información que contiene: creación de blog con Blogger, gestión de Blogger, asistencia técnica, comunidad y foros, y avisos sobre productos Google.

https://redirectoronline.com/ssce010po0311

11. Resumen

Un blog es un sitio web que incluye, a modo de diario personal, contenidos del interés de su autor que son actualizados con frecuencia y a menudo comentados por los lectores.

Estos diarios virtuales se caracterizan por el empleo de contenidos multimedia e hipertextuales, su fácil manejo, la organización de la información, el sencillo intercambio de ideas y el uso simultáneo de otras aplicaciones dentro de su web.

Por estos motivos, los blogs se han convertido en uno de los recursos de internet más empleados. Ahora bien, a la hora de construirlo, hay que identificar el tipo de blog que nos interese, en función de su finalidad o el público al que se dirija. Así, se diferencian:

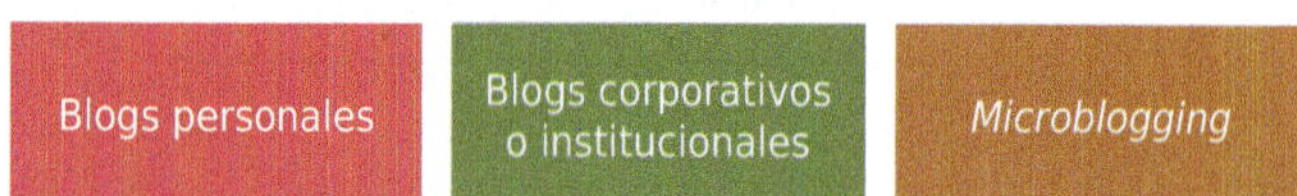

Dada la popularidad de los blogs, en torno a ellos se ha creado toda una familia de palabras derivadas y, en parte, anglosajonas. Entre las más populares destacan *blogging,* bloguero, SEO o *vlogging,* con la que guarda similitud gráfica, pero no semántica.

En lo que respecta a los blogs educativos, durante su construcción nos debemos apoyar en tres pilares fundamentales: los principios de actuación, las técnicas de trabajo y las aplicaciones didácticas de dichos blogs.

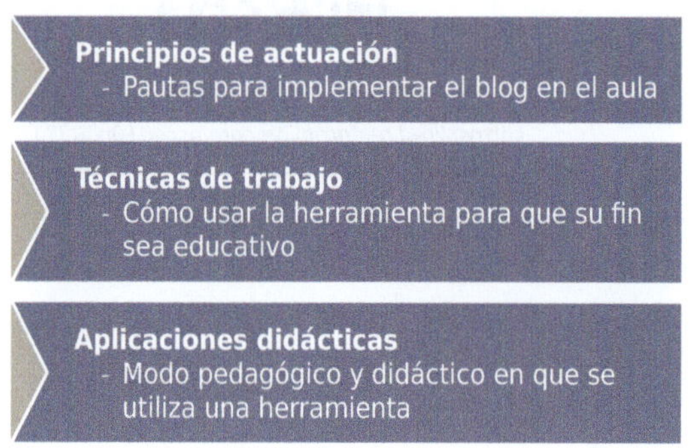

Sobre su desarrollo, habrá que considerar que la elaboración de un blog sigue patrones bastante definidos y sencillos. Sin embargo, dependiendo del *hosting* utilizado, sus acciones pueden variar levemente.

Aun así, y dado que son algunos servidores concretos, como WordPress y Blogger, los que más se utilizan, es enorme la cantidad de tutoriales que se encuentran gratuitamente en la red para poder crear un blog sin ayuda de expertos.

Ejercicios de autoevaluación Unidad de Aprendizaje 3

1. Señala la opción correcta sobre los blogs:

a. En las entradas de los blogs se puede etiquetar a personas.
b. En sus inicios, las páginas de los blogs eran similares a cuadernos de bitácora.
c. Los blogs solo incluyen texto.
d. No se pueden hacer mejoras en las funcionalidades de los blogs.

2. Determina si la siguiente oración es verdadera o falsa: "Un blog es un sitio web que incluye, a modo de diario personal, contenidos del interés de su autor que son actualizados con frecuencia y a menudo comentados por los lectores".

- Verdadero
- Falso

3. Indica cuál de las siguientes opciones no es una característica de los blogs:

a. Fácil manejo
b. Intercambio de ideas
c. Privacidad
d. Organización de la información

4. El tipo de blog que se asocia a una empresa o institución se denomina:

a. Blog público
b. Blog de *marketing*
c. Blog privado
d. Blog corporativo

5. Determina si la siguiente oración es verdadera o falsa: "Los *plugins* son ventanas de información simplificada".

- Verdadero
- Falso

6. Un blog de aula es un...

a. ... blog privado.
b. ... blog institucional.
c. ... blog corporativo.
d. ... blog personal.

7. No es un pilar sobre el que se fundamenta el trabajo con blogs:

a. Los principios de actuación
b. Las técnicas de trabajo
c. El contenido por publicar
d. Las aplicaciones didácticas

8. Determina si la siguiente oración es verdadera o falsa: "Los moblogs son blogs especializados en la difusión de contenidos desde dispositivos móviles".

- Verdadero
- Falso

9. Indica cuál de estas opciones hace referencia a un anglicismo que define las acciones relacionadas con el mantenimiento de un blog:

a. *Blogging*
b. *Vlogging*
c. Bloguer
d. SEO

10. ¿Cuál es la traducción literal del término *webblog?*

a. Diario personal
b. Bitácora web
c. Registro
d. Cuaderno de notas

Unidad de aprendizaje 4

Plataformas para wikis

Contenido

1. Introducción
2. El origen de wiki. Características
3. Identificación de las características de las wikis a través de un ejercicio práctico
4. Wikis como herramienta educativa
5. Configurar y editar una wiki
6. Plataformas de wikis
7. Análisis de las plataformas de wikis existentes en la red a través del acceso a las mismas
8. Desarrollo de los procesos de configuración y edición de una wiki mediante un ejercicio práctico
9. Sindicación de contenidos
10. Descripción de ventajas e inconvenientes que proporciona la sindicación de contenidos
11. Elaboración de un dosier donde se recopilen las diferentes páginas web que nos sirven como recurso para ampliar información
12. Resumen

Objetivos

El objetivo general de esta Unidad de Aprendizaje es:

→ Identificar el valor didáctico de las wikis en el ámbito educativo.

Los objetivos específicos de esta Unidad de Aprendizaje son:

→ Adoptar la plataforma de creación de wikis más adecuada a las necesidades formativas planteadas.

→ Identificar las funciones y características de las wikis.

→ Crear y configurar una wiki conforme a las necesidades del usuario.

→ Elaborar un dosier en el que se incluyan páginas web que permitan la ampliación de la información.

→ Utilizar la sindicación de contenidos como herramienta formativa de utilidad.

1. Introducción

Dentro del amplio abanico de las nuevas tecnologías en educación, las wikis pueden parecer unas grandes desconocidas y, sin embargo, conformar un tándem perfecto con este ámbito.

La facilidad con la que podemos hacernos con una de ellas, así como la enorme versatilidad que caracteriza su utilización, hacen que las wikis sean las herramientas perfectas para implementar en cualquier proyecto que se lleve a cabo en el aula.

Su similitud con otros instrumentos, tales como los blogs o algunas LMS, hace necesario que, antes de emplearnos en ellas, seamos capaces de diferenciarlas, al menos conceptualmente hablando, para así poder dar a cada instrumento el lugar que corresponde.

Durante este viaje nos acompañará, como viene siendo costumbre, nuestra querida Mireia. Ella ha sido la primera en darse cuenta de que los proyectos cooperativos y las wikis son buenos aliados.

2. El origen de wiki. Características

☞ HILO CONDUCTOR

En plena conversación en la sala de profesores surgió una palabra que era familiar para Mireia, pero de la cual no conocía mucho: "wiki". "¡Sí! Son como la Wikipedia, pero para educación", le respondieron.

Mireia pensó que sería una buena forma de crear un diccionario *online*, como la Wikipedia. Así que empezó a informarse.

Con casi total seguridad, a todos nos resultará familiar el término "Wikipedia".

Lo que muchos consideraban en sus inicios como una completa enciclopedia *online*, fue mostrando, a medida que nos adaptábamos a las TIC y nuestro interés por ellas crecía, que era algo más que eso. Y es que a la Wikipedia todos tenemos acceso; podemos crear, modificar, corregir y eliminar cualquier información contenida en ella.

Pues bien, he aquí el **funcionamiento** básico de las wikis. Es decir, estas no son más que webs ideadas y creadas con la intención de que toda una comunidad virtual pueda compartir lo que sabe con el resto del mundo.

Wikipedia nació el 15 de enero de 2001 como enciclopedia online plurilingüe, abierta y gratuita.

DEFINICIÓN

Wiki
Página web elaborada para compartir información diversa y sin restricciones.

2.1. Funciones de las wikis

Generalmente, el contenido de una wiki es **creado** por cualquier persona que quiera participar, de ahí que sea una web abierta. Por este motivo, suelen existir ciertos controles en los que se comprueba la veracidad del contenido. Son llevados a cabo por administradores de la web.

PARA SABER MÁS

Puedes consultar el artículo de la revista digital Educación 3.0 que resulta especialmente útil para introducirse en el mundo wiki, accediendo desde aquí:

https://redirectoronline.com/ssce010po0104

Entre las **funciones básicas de una wiki** podemos destacar, principalmente:

- **Administración de contenido:** si el nivel de creación de contenido es alto, cabe la posibilidad de administrarlo desde una wiki. Estando allí, puede organizarse por categorías y subcategorías, enlazarse y compartirse con quien se desee.
- **Como diccionario o enciclopedia:** como ocurre con Wikipedia, y también en la línea de la utilidad anterior. La información puede organizarse en forma de artículos o términos, de manera que los estudiantes no solo puedan crearla, sino también consultarla.
- **Creación de proyectos colaborativos:** al ser abiertas, las wikis permiten que cualquiera tenga acceso a su edición. Esta función es especialmente útil cuando se trata de realizar proyectos de aprendizaje cooperativo.
- **Exposición y recopilación de contenidos:** permite la recopilación de productos finales elaborados a partir de trabajos individuales, cooperativos o colaborativos, como pueden ser presentaciones, vídeos o pósters, entre otros.

Las características que definen a las wikis y, además, las diferencian de otras herramientas web radican en gran parte de sus funciones y de los criterios técnicos de su alojamiento.

Siguiendo esta línea, es posible hablar de estas **características:**

- **Múltiples autorías:** ya que los contenidos publicados en una wiki están escritos por multitud de colaboradores, teniendo todos y cada uno de ellos los mismos permisos sobre la página.

- **Posibilidad de comentar los contenidos:** es cierto que las wikis pueden recibir comentarios externos a los contenidos; sin embargo, dichos comentarios suelen ir más enfocados a la mejora de la página y su información. Además, suelen ubicarse en páginas anexas a la principal.
- **Difusión por circuito cerrado:** las wikis emplean un "circuito cerrado" mediante el que retroalimentar su propia página. Es decir, se recomiendan páginas propias con otros contenidos similares a los buscados para que el usuario siga usando la wiki.
- **Estructura homogénea y rígida:** cada artículo tiene su propia dirección web y no existe un índice que pueda ubicarnos en la búsqueda.

NOTA

Al hablar de los permisos que los autores poseen sobre una wiki, hacemos referencia a los de creación, modificación y edición, y eliminación de contenidos.

Los permisos que se otorguen dependerán del administrador de la wiki. Por tanto, aunque lo más habitual es que todos los usuarios tengan acceso, estos pueden restringirse cuando se desee.

Sobre la estructura homogénea y rígida de las páginas wiki, cabe puntualizar algunas cuestiones más.

No solo se trata de la ausencia de índice o de la creación de múltiples páginas dentro de una principal, sino que la ubicación de sus elementos también es muy característica.

Teniendo estas afirmaciones en cuenta, es posible destacar algunos **rasgos distintivos de la estructura de una wiki:**

- **Logo:** imagen representativa que se ubica en la zona superior izquierda.
- **Panel de navegación:** permite recorrer las páginas que componen la wiki. Incluye el índice de páginas más frecuentes, y el área de búsqueda.
- **Página central:** muestra el contenido seleccionado.
- **Botón de edición:** da acceso a la modificación del contenido presente.
- **Cabecera:** incluye pestañas para la visualización de la página actual, el histórico de navegación en la web, el acceso a la zona de debate o para acceder a temas de actualidad.
- **Panel de administración:** desde él se puede llegar a las principales funciones de la wiki.

EJEMPLO

Un ejemplo de páginas frecuentes de una wiki sería la que contiene las siguientes pestañas: **Inicio, Ayuda, Comunidad** e incluso enlaces a algunas funciones propias de la página.

3. Identificación de las características de las wikis a través de un ejercicio práctico

HILO CONDUCTOR

Lo que Mireia iba leyendo sobre las wikis poco tenía que ver con un diccionario en línea. Para ella era todo un descubrimiento, y, además, de los buenos.

Tendría que estudiar alguna wiki con más detenimiento, porque, si lo que entendía era correcto, una wiki es justo lo que necesitaba para su proyecto.

Ya hemos mencionado que, aunque las wikis sean páginas web a todos los efectos, sus **características vienen definidas por dos aspectos:** sus funciones y los criterios técnicos de su alojamiento.

Esto implica, además, que su estructura también sea peculiar, que incluye elementos muy concretos y comunes a todas las wikis.

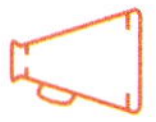

RECUERDA

La estructura de las wikis se caracteriza por tener un logo, un panel de navegación, una página central, botón de edición, una cabecera y un panel de administración.

Ahora bien, sin poder visualizar sus elementos y características es realmente difícil saber a qué hacemos referencia. Por este motivo, centraremos el epígrafe que nos ocupa en una aplicación práctica sobre estos conceptos.

TAREA 8

Considerando los **elementos característicos que conforman la estructura de una wiki,** procederás a continuación a analizar la siguiente página:

https://redirectoronline.com/ssce010po0402

Se trata de la wiki de Apache *OpenOffice*, que es un *software* informático centrado en la edición de textos, la creación de hojas de cálculo y presentaciones interactivas, entre otros documentos.

Una vez dentro, comprueba que están todos los elementos, haz una captura de pantalla y señálalos.

Nota: al iniciar sesión, se accede tanto al botón de edición como al panel de administración.

4. Wikis como herramienta educativa

HILO CONDUCTOR

Mireia tiene la motivación al máximo con todos los descubrimientos que ha realizado sobre las wikis. Como todo lo comparte, hace algunos días le contó a Fermín, su compañero, largo y tendido lo que había aprendido sobre ellas.

Continúa en página siguiente >>

<< Viene de página anterior

El bueno de Fermín sonrió y le dijo que llevaba años utilizando wikis. Que en su ámbito se conocían como *eduwikis*.

Al hablar de las diversas utilidades que poseen las wikis en la educación, así como de su sentido didáctico, surge el término **eduwiki.**

DEFINICIÓN

Eduwiki
Wiki orientada al ámbito educativo.

Como es evidente, este concepto recoge aquellas prácticas y dinámicas del ámbito educativo cuyo funcionamiento tiene como pilar el uso de una wiki. Para ello, será requisito imprescindible que dicha dinámica sea cooperativa, dado que el funcionamiento de estas webs así lo requiere.

En una eduwiki, tanto los docentes como los estudiantes participan para generar contenido curricular.

PARA SABER MÁS

Para ampliar información sobre las eduwiki puedes acceder al siguiente enlace:

https://redirectoronline.com/ssce010po0403

En esta línea, y más a nivel práctico, Víctor González (2009) hace una interesante reflexión sobre las **aplicaciones didácticas de las wikis desde una óptica basada en los diferentes niveles de interrelación que se producen en el aula,** es decir, alumno-alumno, alumno- docente, docente-docente.

Primer nivel

- Es la relación alumno-alumno. El funcionamiento de las wikis es similar al de las WebQuest. En caso de darse un proceso guiado, no está excesivamente estructurado.

Segundo nivel

- Relación alumno-docente. Sobre todo, se emplea como cuaderno de bitácora o diario de aula, diccionario de términos o para administrar los contenidos de una materia.

Tercer nivel

- Es la relación docente-docente. Se utiliza la wiki como instrumento transmisor de experiencias, recursos y trabajo cooperativo. Estas aplicaciones se basan en la concepción de las wikis como parte del proceso de formación continua de la comunidad.

IMPORTANTE

Es importante que estos proyectos estén delimitados conceptualmente, proporcionándoles títulos como “WikiAula” o “WikiCuaderno” (González, 2009).

ACTIVIDAD COMPLEMENTARIA

11. Analiza las distintas aplicaciones didácticas de las wikis. Explica, sobre cada una de ellas, en qué tipo de utilidad didáctica se encuadra su actividad.

    Para ello, accede a las páginas webs que te indicamos a continuación:

Pizarras digitales *online*

https://redirectoronline.com/ssce010po0404

Eduwiki Murciaeduca

https://redirectoronline.com/ssce010po0405

Wiki del IES Poeta Tomás Morales Castellano

https://redirectoronline.com/ssce010po0406

5. Configurar y editar una wiki

☞ HILO CONDUCTOR

Lo de la wiki va viento en popa. Es una herramienta perfecta para agilizar el proyecto cooperativo de lectura que estaba llevando a cabo en la ESO. Entre todos crearán reseñas, vocabulario, apuntes sobre métrica, sintaxis, etc.

Mireia quiere pasar a la acción cuanto antes. Quiere saber cómo y dónde puede empezar a crear su propia wiki.

El **proceso de creación, configuración y edición de una wiki** dependerá enormemente de dónde se aloje esta.

Sin embargo, a grandes rasgos, pueden enumerarse ciertos pasos más o menos comunes a todos los servidores.

Dada su extensión, separaremos estos procesos en **dos grandes grupos:**

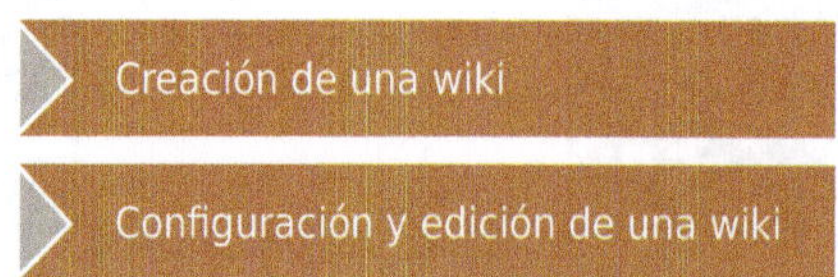

Durante los procesos de creación, configuración y edición de una wiki se puede trabajar sobre conceptos muy similares.

5.1. Creación de una wiki

La creación de una wiki abarca dos procesos entrelazados, durante los cuales se solicitará información muy básica al administrador o autor de la página.

Ocurre en ocasiones que muchas de las decisiones aquí tomadas ya forman parte de la configuración de la wiki. En caso de que esta información se modificara más adelante, hablaríamos de edición.

En cualquier caso, para **comenzar nuestra wiki seguiremos dos pasos:**

- **Registro:** como sucede en todos los servidores, las plataformas de wikis requieren que sus usuarios se registren e introduzcan ciertos datos básicos para poder trabajar en ellas.
- **Creación de la wiki:** al crear la wiki debemos introducir alguna información importante sobre la página que vamos a crear. En cualquier caso, algunos datos solicitados pueden ser:
  - Título de la wiki.
  - Finalidad de la wiki.
  - Dominio o dirección URL que se asocia a ella.
  - Idioma y opciones de traducción.
  - Logo.
  - Tema o plantilla de base para el diseño de la wiki. Al elegirla hay que tener en cuenta que no solo determinará aspectos como el color o el tipo de letra, sino también la distribución de los elementos a lo largo de la página.
  - Delimitar la figura del administrador y la del moderador.

SABÍAS QUE...

La gestión de las wikis se lleva a cabo a través de dos figuras: la del **administrador,** que es quien tiene todos los permisos de la página, y la del **moderador,** que controla que los contenidos sean veraces, y que en los foros se respeten las normas de participación.

5.2. Configuración y edición de una wiki

Una vez que los datos básicos se han introducido y nos hallamos en la página principal de nuestra wiki, es el momento de comenzar a darle forma a través de pequeños detalles:

- **Privacidad:** si va a ser pública o privada (acceso mediante usuario registrado).
- **Notificaciones:** tipos de notificaciones que permitimos que nos lleguen, y el medio a través del que pueden hacerlo.
- **Dominio:** generalmente, es posible personalizar el dominio de la wiki si se tiene un plan de pago. En tal caso, podremos optar por la dirección URL que mejor se adapte a nuestra página.
- **Miembros:** quién y de qué modo puede acceder, y con qué permisos.
- **Instalación de *plugins*:** si el servidor en el que alojamos nuestra wiki no está especializado en este tipo de páginas, es posible que necesitemos de la instalación de varios *plugins* que nos faciliten el formato. También puede ocurrir que, a pesar de encontrarnos en un servidor especializado, resulten necesarios para dar visibilidad a la página, traducir contenidos, aumentar la seguridad, etc.
- **Notificaciones:** tipos de notificaciones que permitimos que nos lleguen, y el medio a través del que pueden hacerlo.
- **Publicidad:** si la página es gratuita, difícilmente se podrá configurar nada a este respecto. Sin embargo, en planes de pago puedes eliminarla o aplicar ajustes que hagan que la publicidad sea rentable para tu wiki (monetización).
- **Licencias:** como se vio en unidades pasadas, el contenido publicado en internet siempre debe estar sujeto a algún tipo de licencia. En función de cómo quiera publicarse, se utilizarán unas u otras.
- **Activación del foro:** la funcionalidad del foro no es algo implícito a todas las wikis. Este solo aparecerá si el administrador lo activa. Su actividad se ceñirá a los ajustes marcados para él.

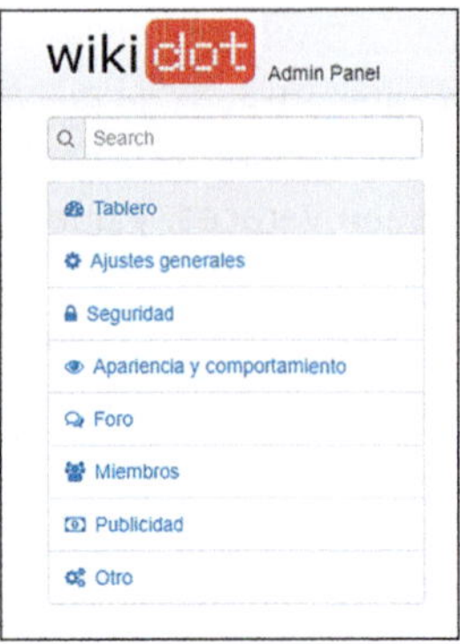

A modo de ejemplo, puede observarse cómo desde el menú de configuración de una página creada en Wikidot es posible modificar todos los aspectos mencionados. No podemos olvidar que, para ello, habrá que crear previamente un usuario y una página.

6. Plataformas de wikis

HILO CONDUCTOR

Durante su investigación, Mireia se ha dado cuenta de que no todos los servidores están realmente equipados para crear una wiki.

Quiere que la suya sea lo más parecido posible a la Wikipedia, así que, con esa idea, empieza a buscar plataformas donde poder alojar su wiki de Lengua.

Para generar nuestra propia wiki, lo más recomendable es encontrar **alojamientos web especializados en este tipo de páginas,** ya que tanto su creación como su configuración serán más acertadas.

Otro aspecto que tener en cuenta, y además especialmente importante, es que debemos conocer en primer lugar qué servidores son los que más **se ajustan a nuestras necesidades educativas.** A partir de ahí, podremos elegir según otras prestaciones.

En la actualidad, entre los **servidores más populares** se encuentran:

- **MediaWiki:** permite al administrador realizar todas las tareas necesarias para tener un control absoluto sobre la web, tal y como el acceso a la separación de páginas, desarrollar enlaces de discusión, hacer seguimientos de las páginas creadas, dotar de diferentes permisos a los usuarios e incluso bloquearlos, etc.
- **TWiki:** destaca por permitir diferentes tipos de búsquedas a los usuarios, la introducción de *plugins* complementarios en la web y en las páginas, y la dotación de mayor flexibilidad a la estructura del contenido.
- **Wikidot:** aunque sus características son bastante parecidas a las anteriores, esta posee la salvedad de que todo el proceso de creación podrá llevarse a cabo *online.* Wikidot es gratuito y muy intuitivo, lo que lo ha convertido en el alojamiento actualmente más popular. En una misma cuenta de Wikidot pueden crearse hasta cinco wikis diferentes. Otra de las características que la ha popularizado es que existen distintos tipos de wiki, en función de las necesidades del usuario: wikis corporativas, educativas, blogs, comunidad y proyectos de grupo. En concreto, las herramientas ofrecidas para el ámbito educativo incluyen foros de discusión, publicación de recursos y las características propias de la creación de wikis.
- **Google Sites:** es un alojamiento polivalente enfocado a la creación de proyectos. En él puedes crear desde páginas web hasta wikis, páginas

personales o blogs. Tras la desaparición de Wikispaces, convertido durante muchos años en el alojamiento de wikis por excelencia, gran parte de su público optó por Google Sites gracias a su facilidad de uso. Para crear un Google Sites, basta con tener una cuenta y acceder a **Crear sitio.**

- **Moodle:** aunque Moodle es una LMS o plataforma de aprendizaje, y en el sector educativo se conoce principalmente por eso, entre sus múltiples herramientas cuenta con la opción de crear una wiki. Si bien es cierto que no hablamos de una wiki pública y al uso como las anteriores; sin embargo, dada la importancia de Moodle en la actividad educativa, es impensable no tener en cuenta esta ventaja en su utilización. Esta actividad de la LMS por excelencia se introduce con la intención de que sea usada como construcción colaborativa entre el profesorado y, principalmente, el alumnado.

Principales servidores web

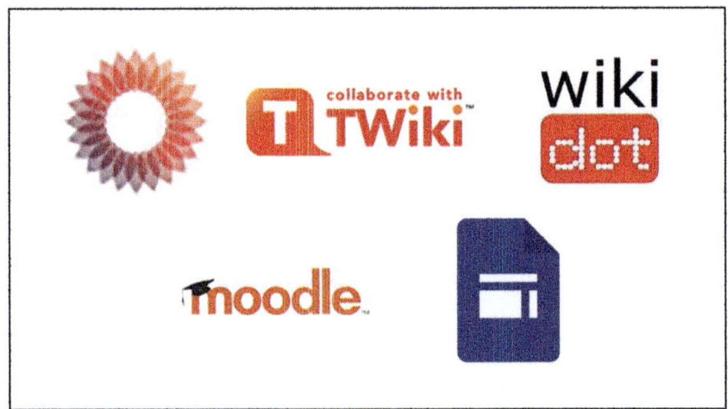

7. Análisis de las plataformas de wikis existentes en la red a través del acceso a las mismas

HILO CONDUCTOR

Cinco plataformas de creación de wikis han pasado el filtro de Mireia. Sin embargo, cada una posee ciertos requisitos previos y conocimientos técnicos para su utilización.

Mireia debe estudiarlas con detenimiento y sopesar pros y contras. La plataforma elegida debe adecuarse a sus necesidades, y no al revés.

Para conocer en profundidad las plataformas de wikis con las que contamos para generar un proyecto, es necesario el trabajo con ellas. Solo así se podrá conocer en profundidad cuáles son sus ventajas, limitaciones, servicios y, por supuesto, adecuación a nuestras necesidades.

SABÍAS QUE...

La palabra *wiki* proviene de *wiki-wiki*, una expresión hawaiana que significa 'rápido'.

Con esta intención, haremos un repaso por las principales funcionalidades de las citadas con anterioridad.

7.1. MediaWiki

MediaWiki es un ***software* libre de GNU,** lo que significa que cualquiera puede acceder a él.

Es uno de los servidores de wiki con mayor potencia y más estabilidad de internet, y cuenta con un almacenamiento propio de datos.

SABÍAS QUE...

Wikipedia está construida sobre este *software*.

Para poder utilizar MediaWiki hay que **descargarlo** en el equipo en el que va a utilizarse. Sin embargo, como requisito previo, será necesario que **creemos una cuenta** de usuario desde su web.

NOTA

Puedes acceder a la web de MediaWiki desde aquí:

https://redirectoronline.com/ssce010po0414

Una vez generada la cuenta de usuario e instalado el *software*, continuaremos ajustando sus opciones, para lo cual utilizaremos:

- **La configuración:** entre otros aspectos, se podrá seleccionar la forma en que se reciben notificaciones, el logo que se incluye, el diseño de la wiki, la compatibilidad de la página con otros dispositivos, la asignación de URL, el modo de carga de archivos, etc.
- **La configuración:** entre otros aspectos, se podrá seleccionar la forma en que se reciben notificaciones, el logo que se incluye, el diseño de la wiki, la compatibilidad de la página con otros dispositivos, la asignación de URL, el modo de carga de archivos, etc.
- **El ajuste de los derechos administrativos:** como cualquier web, MediaWiki basa su funcionamiento en los permisos que los usuarios le otorgan.
- **La instalación de extensiones:** las extensiones son compilaciones de código PHP que mejoran la funcionalidad de la wiki, agregando y aumentando los servicios.
- **La selección de idiomas:** que podrá realizarse a través de la localización del usuario o de la selección manual.
- **La obtención de datos:** muy útil si nuestra wiki no parte de cero y ya existían datos guardados de otras creaciones. En tal caso, podrán realizarse importaciones desde copias de seguridad, volcados XML y la importación de contenido externo.
- **La personalización del aspecto:** donde podrá modificarse el aspecto de la barra lateral, del eslogan y de la plantilla aplicada, incluyendo así el cambio de otros elementos como las páginas.

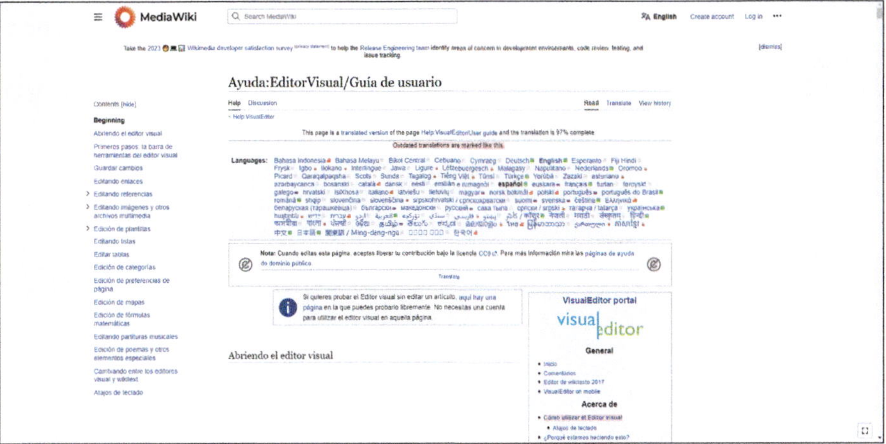

Dentro de su propia web, MediaWiki incluye un editor visual donde se detallan los ajustes disponibles y, además, es posible verlos en una página simulada. De este modo, se evita que los usuarios hagan y deshagan cambios, constantemente, en sus páginas.

A partir de aquí será posible crear **nuevos artículos.**

VÍDEO

Para aprender a crear tu página de MediaWiki puedes visualizar un vídeo accediendo desde aquí:

https://redirectoronline.com/ssce010po0407

7.2. TWiki

TWiki es un servidor concebido para albergar contenidos tipo wiki. Posee licencia GNU, por lo que su utilización y distribución es gratuita.

Para proceder a su instalación, es necesario contar con algunos **requisitos previos:**

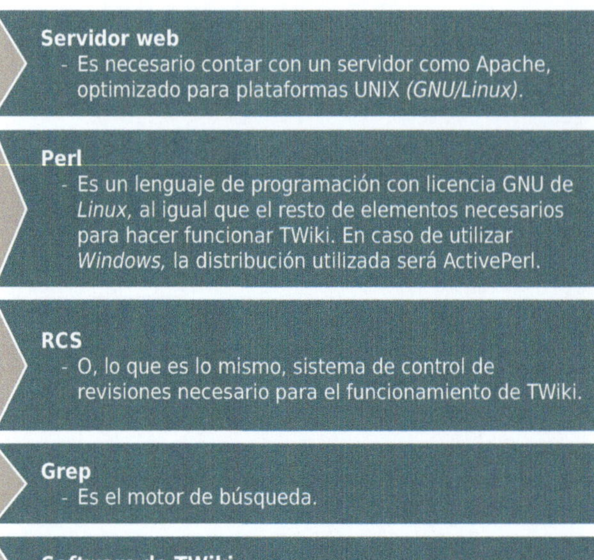

TWiki es una de las plataformas más completas, pero es de las más difíciles de utilizar.

Una vez que se haya comprobado que se poseen todos los requisitos previos, y se ha instalado el *software de TWiki,* es el momento de realizar las **configuraciones** pertinentes. Estas abarcan:

- Configuración de TWiki desde la línea de comandos

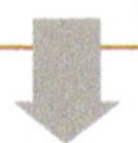

Continúa en página siguiente >>

<< Viene de página anterior

- Configuración de Apache

- Configuración de TWiki desde el navegador

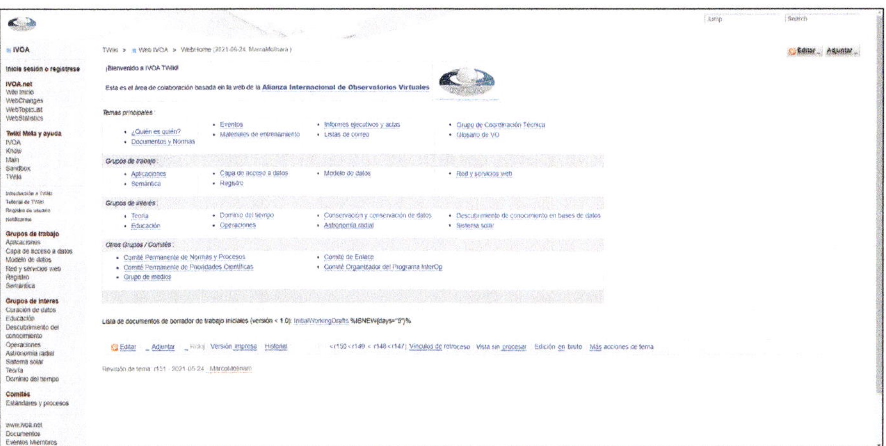

La wiki de IVOA (Alianza Internacional de Observatorios Virtuales) es una de las múltiples wikis realizadas con TWiki. A muchas de ellas se puede acceder desde el apartado Sitios de muestra, que se encuentra en su web principal.

PARA SABER MÁS

Completa tu conocimiento sobre TWiki en su página web, puedes acceder a ella desde aquí:

https://redirectoronline.com/ssce010po0408

7.3. Wikidot

Wikidot es la plataforma más sencilla en la que elaborar una wiki.

Se creó en 2007, y desde entonces no ha dejado de sumar usuarios. Gran parte de su popularidad se debe a que los servicios ofrecidos desde esta web son totalmente gratuitos. Además, su utilización no está del todo limitada, ya que se pueden crear hasta cinco sitios gratuitos bajo el perfil de un mismo usuario.

Si más adelante se decidieran ampliar sus funciones, los usuarios pueden hacerlo a través de modalidades de pago con varias opciones en sus precios.

Junto con esto, son otras **características** las que han hecho de Wikidot una de las plataformas preferidas:

Sin requisitos previos
- No tiene requisitos previos, salvo los obvios: un ordenador, una cuenta de *e-mail* y una buena conexión a internet.

Sin descargas
- No necesita que descarguemos su *software* para poder funcionar.

Online
- Todas las acciones se realizan online, desde la creación del sitio hasta su configuración y administración.

Interfaz intuitiva
- El escritorio de Wikidot es realmente intuitivo, teniendo todas las acciones a la vista, y pudiendo crear, modificar y eliminar elementos con tan solo un clic.

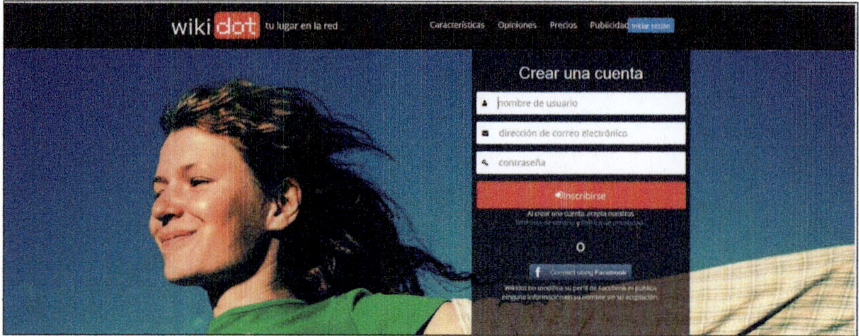

Utilizada en el ámbito educativo y formativo, Wikidot tiene múltiples ventajas, como la creación de foros de discusión, tareas y la posibilidad de hacer una página diferente para cada grupo de estudiantes.

Es posible acceder a Wikidot desde www.wikidot.com. Desde esta página principal se puede crear un nuevo usuario o iniciar sesión.

Cuando llegamos a la página principal, podemos crear una cuenta o iniciar sesión. Ambas opciones son realmente fáciles de realizar. Una vez dentro, esto será lo que veamos:

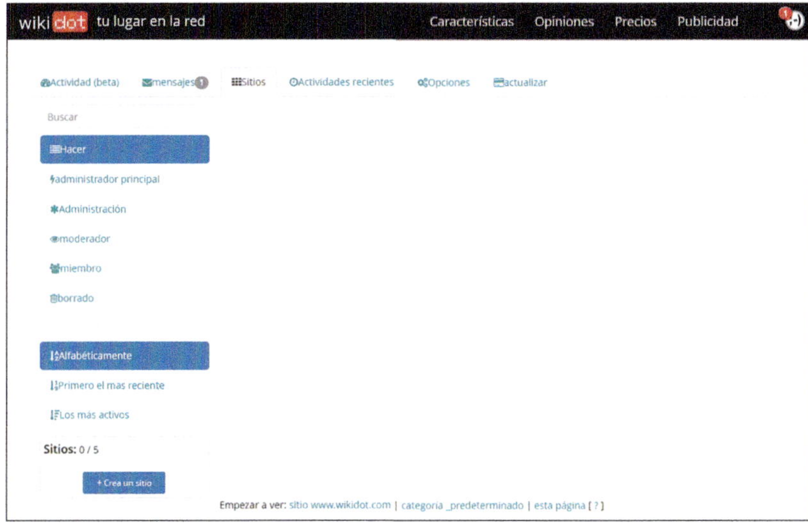

Escritorio y centro de operaciones de Wikidot

Desde aquí, el usuario podrá estar al tanto de:

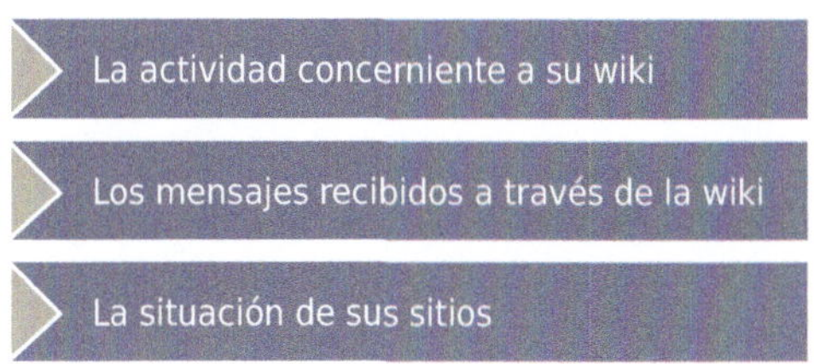

IMPORTANTE

Solo se podrán generar cinco sitios (wikis) por cada cuenta dada de alta en Wikidot.

Con este menú, además de lo anterior, el usuario podrá **crear** las wikis, configurarlas y administrarlas.

7.4. Google Sites

Google Sites es una opción realmente polifacética a la hora de crear cualquier página que vaya a albergarse en internet. Como no podía ser de otra forma, Sites también nos es de ayuda si queremos hacer una wiki.

Como la gran mayoría de los productos Google, su funcionamiento es realmente sencillo.

Para acceder a Sites, bastará con tener una cuenta de Gmail, acceder e, inmediatamente, nos encontraremos en su página principal.

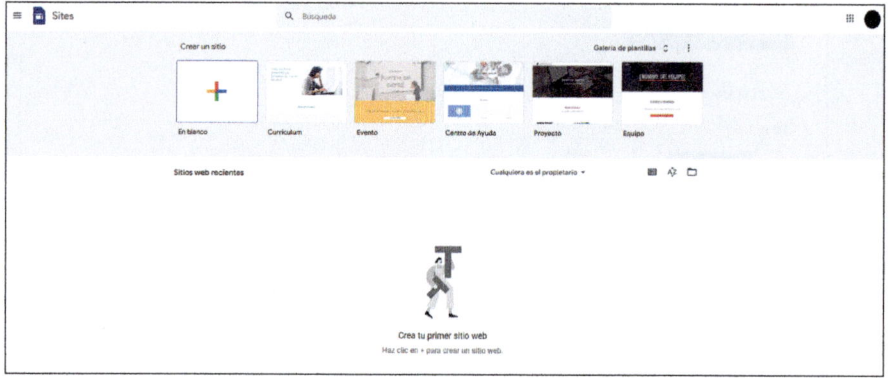

Página principal de Google Sites. A simple vista se encuentran el menú, las plantillas más utilizadas y el espacio de trabajo.

Para crear nuestro sitio web tenemos dos opciones:

- **Clicar el botón** [+]: tras pulsar este botón se abrirá, en una nueva ventana, una página recién creada. Ya que no hemos seleccionado plantilla, esta aparecerá al azar o predeterminada por el programa. A la derecha, se nos abrirá un menú para modificar su estructura, colores, texto, imágenes y, por supuesto, los temas y plantillas que los acompañan.

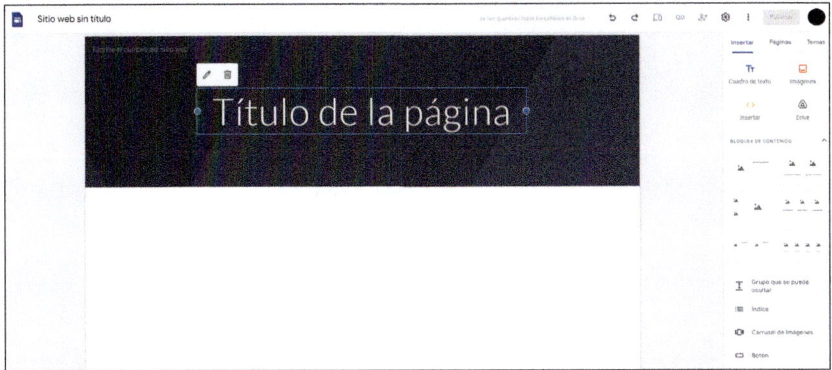

Nueva página de Google Sites creada desde el botón [+]

- **Seleccionar una plantilla:** la creación de la nueva página es idéntica a la anterior, salvo que en este caso hemos sido nosotros quienes hemos decidido qué tema y plantilla escoger. Aun así, puede cambiarse cuando se desee.

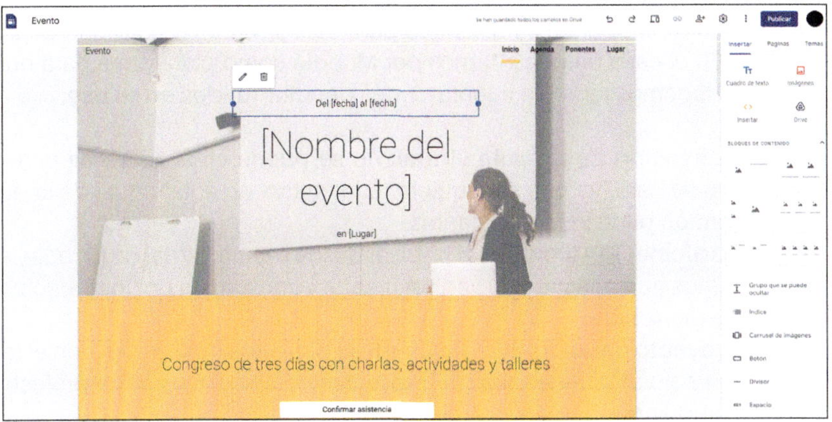

Nueva página de Google Sites creada desde una plantilla predeterminada

VÍDEO

Puedes conocer el funcionamiento de Google Sites con un pequeño tutorial, accediendo desde aquí:

Continúa en página siguiente >>

<< Viene de página anterior

https://redirectoronline.com/ssce010po0409

7.5. Moodle

Aunque más adelante hablaremos largo y tendido de Moodle, no podíamos dejar pasar la opción de profundizar en esta herramienta como soporte de una wiki.

La wiki de Moodle está diseñada para utilizarse como actividad colaborativa. En el caso de decantarnos por Moodle como plataforma para nuestra wiki, debemos tener en cuenta ciertas **peculiaridades en su uso:**

- **Activación de un aula virtual:** no se puede crear una wiki partiendo desde cero, ya que se requiere tener activa un aula virtual de la que ya formen parte los participantes.
- **Participación limitada:** al trabajar desde el aula virtual de Moodle, aceptamos que nuestra wiki va a ser creada y consultada por los participantes de dicha aula.
- **Proyecto colaborativo:** siguiendo la dinámica de Moodle, con esta wiki tan solo se pueden realizar proyectos colaborativos entre profesores y estudiantes.
- **Objetivo de la wiki:** la wiki creada por Moodle no es una wiki al uso. Dicho de otro modo, es una wiki creada al amparo de un aula virtual, que tiene la finalidad de ser utilizada como actividad colaborativa o producto final de un proyecto.

Por lo demás, la wiki de Moodle es bastante sencilla de hacer. Basta con insertar la wiki como actividad, y seguir los pasos que la plataforma nos indica.

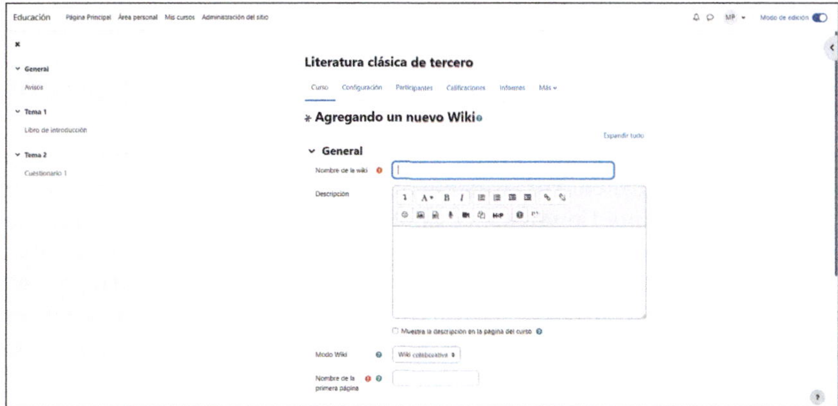

Las wikis de Moodle pueden insertarse como una actividad más dentro de los cursos que se crean en el aula virtual.

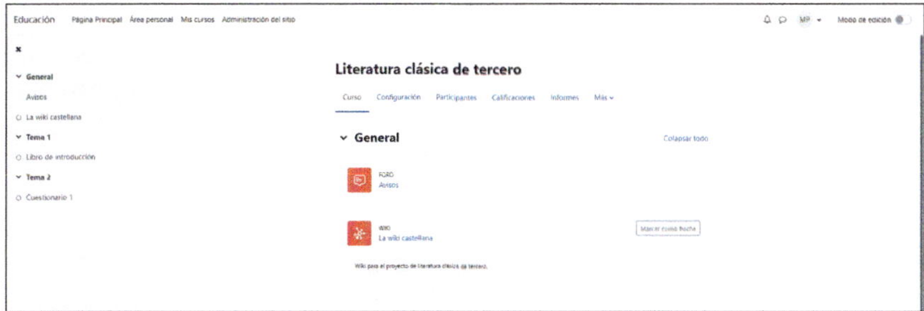

Si optamos por que la wiki, y, por tanto, la actividad, sea colaborativa, bastará con entrar en ella, y los estudiantes podrán empezar a crear páginas con su contenido.

VÍDEO

Para saber cómo crear contenido en tu wiki de Moodle, puedes visualizar un vídeo, accediendo desde aquí:

https://redirectoronline.com/ssce010po0410

APLICACIÓN PRÁCTICA

Loreto es amiga de Mireia. También dedicada a la educación, pero trabaja en otro centro. Tras encontrarse comparten algunas impresiones e ideas que tienen sobre el nuevo trimestre. Mireia le habla sobre la posibilidad de crear una wiki, y Loreto le comenta que le gustaría hacer algo similar, con vistas a realizar una actividad colaborativa, pero de modo privado. Sus alumnos aún son pequeños, y su deseo es que solo participen los estudiantes y ella. ¿Qué plataforma debe recomendarle Mireia?

Solución

Si recordamos las peculiaridades de la wiki de Moodle, encontramos que, al trabajar desde el aula virtual de Moodle, aceptamos que nuestra wiki va a ser creada y consultada por los participantes de dicha aula. Es decir, con esta wiki tan solo se pueden realizar proyectos colaborativos entre profesores y estudiantes.

8. Desarrollo de los procesos de configuración y edición de una wiki mediante un ejercicio práctico

HILO CONDUCTOR

Nuestra profe ya casi tiene una decisión tomada, pero, antes de embarcarse en su proyecto, quiere probar con la plataforma elegida.

Necesitará de la ayuda de alguien que conozca bien el funcionamiento de las wikis, porque se dispone a montar una, para estar segura de su elección.

A estas alturas de la unidad, nuestro conocimiento sobre las plataformas existentes para crear wikis es más que suficiente como para, al menos, elegir la que mejor se adapte a nuestras necesidades.

Sin embargo, el saber-hacer de las cosas se adquiere mediante la práctica, por eso, dedicaremos este punto a adentrarnos en una de las plataformas más utilizadas en educación.

TAREA 9

Dado que Mireia se ha decidido a crear una wiki como parte de su proyecto colaborativo en el aula, y que tú eres su fiel ayudante, te planteamos a continuación un **caso práctico dividido en** dos partes.

Por un lado, tendrás que seleccionar la plataforma de creación de wikis que más se adapta a las exigencias de Mireia, y, por otro, deberás crear y configurar la wiki que ella vaya a utilizar en una de sus clases.

Para eso debes tener en cuenta que Mireia necesita una plataforma wiki que:

- Sea gratuita.
- Sea muy sencilla de crear y configurar.
- Preferiblemente, tenga la opción de hacerse pública, pero no es algo determinante.
- Pueda crear más de una wiki en el mismo lugar (como profe de Lengua tiene varios grupos de estudiantes).

Una vez que tengas el sitio seleccionado, procede a su creación. No debería llevarte más de un minuto.

A continuación, comienza a configurar y editar la wiki básica. Ahora mismo, Mireia necesita al menos una wiki que posea estas características:

- Título: relacionado con la lengua castellana; deberá incluir alguna referencia a la materia y a la wiki.
- Lema: "Las raíces del castellano nos enseñan a utilizarlo".
- Dirección web: usarás las mismas palabras que en el título.
- Idioma: español
- Plantilla: Monobook Wiki
- Reglas de acceso: cerrado (cualquiera puede ver la wiki, pero los miembros son aceptados por el administrador/coordinador).

Continúa en página siguiente >>

<< Viene de página anterior

Por último, habrá que editar algunos aspectos básicos de la wiki, con el objetivo de que Mireia solo tenga que añadir su contenido. Para ello, céntrate en el menú de edición situado en la zona superior derecha. Desde allí tendrás que:

- Editar el título de la cabecera, en el que pone "Your Wiki".
- Localizar la tabla en la que pone "Latest New". Borra el texto y, ayudándote de los botones de edición, copia el siguiente texto:
    - "¡Últimas noticias!" *(en H1) (En listado)*
    - Hemos creado una wiki.
    - La estamos editando.
    - ¡Y nos está saliendo bien!"
- Sirviéndote de la **Toolbox,** edita los títulos de los menús. Sustituye:
    - "Navigation" por "Navegación"
    - "Search" por "Búsqueda"
    - "Toolbox" por "Caja de herramientas"
    - "Pages" por "Páginas"
- Para finalizar, añade una nueva página desde el menú **Páginas** que acabas de crear. Se llamará "Bienvenidos", y en el texto podrás incluir un pequeño saludo. Desde el menú **Navegación,** en el apartado de ***Contenidos,*** podrás ver si has creado correctamente la página.

9. Sindicación de contenidos

HILO CONDUCTOR

La wiki de Mireia ya va cogiendo forma. Tan solo faltan algunos "retoques" para que la wiki sea perfecta para los estudiantes.

Uno de los problemas que se plantea es cómo podrá asegurarse de que todas las actualizaciones les llegan a sus alumnos. Mientras busca soluciones, aparecen las palabras mágicas: sindicación de contenidos.

Un modo de poder organizar el contenido de una wiki, e incluso de un blog, es mediante la **sindicación de contenidos.** Con esta herramienta, se consigue que las publicaciones se filtren según sean o no de relevancia para los usuarios. En otras palabras, el sitio web clasificará las publicaciones dependiendo de si son de interés para las personas asiduas a nuestro contenido o no.

DEFINICIÓN

Sindicación de contenidos
Proceso a través del que el distribuidor de contenidos suministra información digital a un usuario que se ha suscrito a ella (Galera, 2022).

Su **principal finalidad** es facilitar al usuario el acceso a la información que le resulte de interés, evitando, con esta suscripción, que tenga que rebuscar entre todo el contenido publicado.

Sin embargo, detrás de este servicio existen otros **objetivos** de interés:

Conocer las novedades de un sitio web
- Las novedades llegan de forma inmediata a la persona que se ha suscrito.

Mayor prestigio para la empresa
- Añadir este servicio dota de mayor prestigio a la empresa que se encuentra detrás de la web. En el caso formativo, es un punto extra para el docente, ya que actúa en interés de sus estudiantes y de que estos no se pierdan ninguna actualización.

Recopilación de información
- Para llevar a cabo la sindicación es necesario que los usuarios dejen algunos datos básicos. Este hecho facilita la recopilación de información.

Para que sea factible, la sindicación de contenidos deberá integrar, al menos, los siguientes **elementos:**

Canal web
- También conocido como *feed*. Constituye el medio desde el que se suministra información al usuario.

Lector de contenidos
- Es el software que permite la suscripción. Para ello, se encarga de interpretar el código ".xml" y traducirlo a un lenguaje reconocible por el usuario.

Formato
- Es la tecnología que se utiliza para ejecutar la sindicación. Como es evidente, la información debe codificarse con un lenguaje específico. En el caso del contenido que va a intercambiarse entre diferentes plataformas, lo más adecuado es la utilización del ".xml" (extensible markup language).

Este es el icono que indica la posibilidad de sindicación de contenidos. Se conoce como RSS (really simple syndication).

En cuanto a su **puesta en marcha,** la RSS puede llevarse a cabo de varias formas:

En línea
- Se realiza desde la propia página web, y a través de lectores RSS. Estos no son más que *softwares* especializados en la organización y acceso inmediato a la información indicada. Uno de los más conocidos es *Feedly*.

Desde el escritorio
- Para esto, el usuario debe disponer de una aplicación instalada en el dispositivo desde el que se realiza el RSS.

Integrado en el correo electrónico
- En tal caso, se proporcionará la dirección de correo electrónico a la que se espera que lleguen las noticias.

10. Descripción de ventajas e inconvenientes que proporciona la sindicación de contenidos

HILO CONDUCTOR

La sindicación de contenidos es una buena herramienta para considerarla en la wiki del aula de Lengua, pero Mireia no llega a tener demasiado claro qué beneficios o limitaciones podría suponerle en su trabajo.

Como toda herramienta que se pone a disposición de los usuarios de una web, la sindicación de contenidos tiene tantas ventajas como desventajas.

Ambas necesitan ser analizadas antes de implementar este servicio en nuestra página.

- **Ventajas:**
  - **Ahorro de tiempo y recursos:** ya que la información llega al suscriptor de manera automatizada.
  - **Contenido especializado:** mediante la sindicación se asegura que el contenido que llega al usuario va a ser consumido, ya que es de su interés.
  - **Comunicación con el usuario:** la sindicación abre más oportunidades al diálogo con los usuarios, ya que siempre se consume información nueva y hay mayor posibilidad de establecer conversaciones, debates y análisis.
  - **Aumento del tráfico web:** que en el caso educativo se traduce en la posibilidad de recibir donaciones o de monetizar la web. De esta forma se reciben pequeñas aportaciones económicas para mantener el proyecto.
  - **Visibilidad:** la sindicación suele tener un efecto cadena en los consumidores de información. Y es que, cuando el contenido resulta de interés, se pasa a personas del entorno con gustos similares. Esto hace que la labor del formador o educador sea más visible a través de su web.
- **Desventajas:**
  - **Poco común:** el uso de la sindicación no es habitual, y menos aún con las tecnologías emergentes en los últimos años.

- ***Feedback:*** no se recibe *feedback* del usuario para poder mejorar la experiencia, por lo que, si no está contento con lo recibido, tan solo podrá saberse al causar la baja.
- **Descontrol:** pueden producirse imprevistos que, al tratarse de un proceso automatizado, el administrador desconocerá hasta que alguien le informe sobre ello. Pueden ocurrir errores, mala visualización, contenido que no se carga o *feeds* que no se envían. Hasta que algún usuario no informe, estarán fuera de control.

- **Limitación:** al centrarse únicamente en la información que recibe, el usuario se ve limitado a ella y rara vez explora el resto del contenido web. Esto limita al usuario en cuanto al contenido que consume, y además limita el tráfico que recibe la web.

PARA SABER MÁS

Echa un vistazo al artículo del profesor de la Universidad de Murcia, Rafael Menéndez- Barzanallana sobre los RSS, accediendo desde aquí:

https://redirectoronline.com/ssce010po0411

APLICACIÓN PRÁCTICA

Fermín le comenta a Mireia que él utiliza la sindicación de contenido con sus estudiantes. Le confiesa que, además de conseguir todos los datos necesarios de un modo rápido y eficiente, también se asegura de que no se pierden ninguna actualización del contenido que él publica sobre las clases. ¿A qué ventaja de la RSS hace referencia Fermín?

Continúa en página siguiente >>

<< Viene de página anterior

Solución

Si recordamos las ventajas de las RSS enumeradas, al hablar de contenido especializado hacíamos referencia a que mediante la sindicación se asegura que el contenido que llega al usuario va a ser consumido, ya que es de su interés.

11. Elaboración de un dosier donde se recopilen las diferentes páginas web que nos sirven como recurso para ampliar información

HILO CONDUCTOR

Hoy, Mireia es una docente satisfecha con lo que ha descubierto sobre las wikis. Su proyecto puede seguir adelante.

Aun así, quiere completar su dosier de información TIC con todo lo que ha averiguado sobre las wikis.

Como en unidades anteriores, recordamos las **claves de elaboración de un dosier:**

- Portada con un título y los datos principales
- Agrupación de las webs por área temática
- Nombre y URL de la web
- Concreción sobre la temática que, dentro del área seleccionada, está cubriendo
- Descripción de la utilidad de la web: informativa, posee recursos, es interactiva, etc.
- Otros datos: enlaces relacionados, detalles sobre el autor, organismos relacionados...

EJEMPLO

Dado el caso en que Mireia quiere ampliar su dosier sobre páginas web dedicadas al aprendizaje y las wikis en el ámbito educativo, lo mejor es ponernos en situación.

Ahora mismo, la información que le interesa a Mireia es la concerniente al **uso de las wikis en proyectos cooperativos y colaborativos.**

Para ampliar este conocimiento, se centra en experiencias de éxito de otros docentes y en otros contextos.

Haciendo este tipo de búsqueda, ha llegado a la página del Ministerio de Educación y Formación Profesional. Allí ha encontrado un artículo sobre el uso de las wikis en el aprendizaje del español como lengua extranjera.

Para incluirlo en el dosier, necesitará:

- Nombre de la web
- La dirección de la web
- La información de utilidad que contiene o nombre del artículo/experiencia
- La URL que enlaza con la información que nos interesa

Siguiendo el ejemplo anterior, rescataríamos la **información** que sigue:

- Nombre de la web: web del Ministerio de Educación y Formación Profesional
- La dirección de la web:

https://redirectoronline.com/ssce010po0412

- La información de utilidad que contiene o nombre del artículo/experiencia: "Wikis: un nuevo instrumento para el aprendizaje colaborativo de ELE mediado por ordenador"
- La URL que enlaza con la información que nos interesa:

Continúa en página siguiente >>

<< Viene de página anterior

https://redirectoronline.com/ssce010po0413

ACTIVIDAD COMPLEMENTARIA

12. Localiza al menos dos webs cuya información sea interesante, para que puedan incorporarse al dosier.

    No olvides incluir sobre cada referencia:

    - Nombre de la web.
    - La dirección de la web.
    - La información de utilidad que contiene o nombre del artículo/experiencia.
    - La URL que enlaza con la información que nos interesa.

12. Resumen

Las wikis son páginas web elaboradas para compartir información diversa y sin restricciones, lo que nos lleva a su gran peculiaridad: las wikis son abiertas, y todo el que lo desee puede participar y elaborar contenido.

Esto implica que las wikis sean obra de muchos autores y que almacenen grandes cantidades de contenido, motivo por el que suelen utilizarse como:

Lugar para la administración de contenido	Diccionario o enciclopedia	La creación de proyectos colaborativos	La recopilación y exposición de contenidos

Este hecho también lleva consigo que las características definitorias de una wiki sean especialmente peculiares. A modo de ejemplo, se puede destacar su estructura o su difusión por circuito cerrado.

En el ámbito educativo son especialmente bien acogidas a la hora de realizar proyectos colaborativos y cooperativos. Estas wikis se denominan *eduwikis*.

Tal ha sido su auge que son múltiples las plataformas destinadas a la creación específica de wikis. De entre todas ellas, algunas han destacado por sus características técnicas o por su facilidad de uso, tal y como ocurre con Wikidot o Google Sites, entre otras.

Si bien es cierto que la elección de una u otra plataforma dependerá en gran medida de las necesidades del usuario y, por tanto, de que muchos de sus servicios cumplan los mínimos establecidos por este, por ejemplo, en cuanto a:

Ejercicios de autoevaluación Unidad de Aprendizaje 4

1. **Wikipedia nació el 15 de enero de 2001 como enciclopedia *online*...**

    a. ... canadiense, escolar.
    b. ... multilingüe, reservada.
    c. ... estadounidense, gratuita.
    d. ... plurilingüe, abierta y gratuita.

2. **Indica cuál de los siguientes conceptos no es una función básica de una wiki:**

    a. Administración de contenido
    b. Como diccionario o enciclopedia
    c. Creación de proyectos laborales
    d. Recopilación de contenidos

3. **Señala cuál de las siguientes no es una característica de las wikis:**

    a. Múltiples autorías
    b. Difusión por circuito abierto
    c. Posibilidad de comentar los contenidos
    d. Estructura homogénea y rígida

4. **Indica cuál de los siguientes es un rasgo distintivo de la estructura de una wiki:**

    a. Cabecera
    b. Título
    c. Descripción
    d. Barra de desplazamiento

5. **Las características de una wiki vienen definidas por:**

    a. La configuración del usuario y el objetivo con el que se crea.
    b. Sus funciones y la configuración del usuario.
    c. Sus funciones y los criterios técnicos de su alojamiento.
    d. Los criterios técnicos de su alojamiento y el objetivo con el que se crea.

6. Una wiki orientada al ámbito educativo se denomina:

a. *Learning* wiki
b. E-wiki
c. Wikiedu
d. Eduwiki

7. Determina si la siguiente oración es verdadera o falsa: "El proceso de creación, configuración y edición de una wiki dependerá enormemente de dónde se aloje esta".

- Verdadero
- Falso

8. Señala cuál es una de las figuras que puede llevar a cabo la gestión de una wiki:

a. Administrador
b. Coordinador
c. Gestor
d. Tutor

9. Señala la opción correcta:

a. MediaWiki es un *software* con licencia Microsoft.
b. TWiki necesita el servidor como *Apache* para funcionar.
c. Para que funcione, hay que descargar el *software* de Wikidot en el dispositivo.
d. La herramienta de Google para crear wikis es Google Classroom.

10. Determina si la siguiente oración es verdadera o falsa: "La principal finalidad de la sindicación de contenidos es aumentar el tráfico de la página web".

- Verdadero
- Falso

Unidad de aprendizaje 5

Plataformas *e-learning*

Contenido

1. Introducción
2. Definición y tipos de plataformas *e-learning*
3. Uso de las plataformas *e-learning* como innovación en el campus virtual
4. Realización de un ejercicio práctico en el que se definan e identifiquen los diferentes tipos de plataformas *e-learning*
5. La plataforma Moodle
6. Instalación y exploración de las plataformas educativas *e-learning*, especialmente la plataforma Moodle
7. Análisis de los elementos importantes a la hora de gestionar y desarrollar un curso en Moodle a través de la realización de un ejercicio práctico
8. Elaboración de un dosier donde se recopilen las diferentes páginas web que nos sirven como recurso para ampliar la información
9. Resumen

Objetivos

El objetivo general de esta Unidad de Aprendizaje es:

→ Implementar las plataformas *e-learning* como herramienta educativa en el proceso de enseñanza-aprendizaje.

Los objetivos específicos de esta Unidad de Aprendizaje son:

→ Adecuar la selección y uso de plataformas *e-learning* para el aula, conforme a las funciones que ofrecen, y las necesidades del proceso formativo.

→ Identificar los tipos de plataformas *e-learning* existentes.

→ Utilizar la plataforma Moodle como una herramienta formativa de utilidad.

→ Crear y configurar una plataforma *e-learning* en consonancia con las necesidades de los usuarios.

→ Manejar los elementos básicos de la plataforma Moodle para poder ajustar su funcionamiento al proceso formativo.

→ Elaborar un dosier en el que se incluyan páginas webs que permitan la ampliación de la información.

1. Introducción

Tal y como están concebidas la educación y la formación actual, puede hablarse de una dinámica asincrónica que va ganando terreno a la presencialidad en casi todos los ámbitos.

Es cierto que, sobre todo si hablamos de educación obligatoria, esta asincronía es más complicada, aunque no imposible. Pero, en las enseñanzas posobligatorias y, sobre todo, en la educación y formación de adultos, la educación a distancia se ha impuesto por encima de cualquier otra modalidad.

Ahora bien, el cambio de paradigma exigido con la entrada de este modelo formativo se extrapoló a cualquier otra modalidad. El hecho de que el alumno sea el protagonista del proceso, junto con la introducción de las TIC, ha hecho que se abra todo un abanico de posibilidades.

Así, la cantidad y calidad de herramientas digitales disponibles hoy día es realmente espectacular, llegando a emplearse no solo como elemento de apoyo, sino como material educativo por sí mismo.

Todo esto sería inimaginable sin la existencia de un lugar donde organizar los recursos, gestionarlos y poder acceder a ellos. Estos sitios existen, y son plataformas *e-learning.*

A ellas, en compañía de Mireia, dedicamos esta última unidad. Y es que las plataformas *e-learning* se han convertido en un recurso en sí mismas, capaces de aunar en un mismo lugar todas las herramientas disponibles para la educación de sus alumnos.

2. Definición y tipos de plataformas *e-learning*

HILO CONDUCTOR

Cuando a Mireia le aconsejaron que echara un vistazo a los distintos tipos de plataforma *e-learning*, porque sería lo más adecuado para su proyecto, no pudo disimular demasiado su cara de asombro.

Continúa en página siguiente >>

<< Viene de página anterior

Sabía de la existencia de estas plataformas, pero jamás se había planteado usarlas. En fin... ya que estaba decidida a hacer lo mejor por sus alumnos, no tenía nada que perder.

Suele dar la falsa impresión de que al hablar de plataformas *e-learning* tan solo existe un tipo de ellas.

Sin embargo, muy lejos de esa realidad, existen varias clases de plataformas *e-learning* y, además, cada una posee características y funciones concretas que hacen que su adaptación a los intereses de los usuarios sea óptima.

Veamos a qué nos referimos.

E-learning proviene del inglés electronic learning, y promueve la realización de actividades formativas mediante dispositivos conectados a internet. Como complemento, surgieron plataformas en las que almacenar dichas actividades.

2.1. Definición

Lo que al principio se tomó como una especie de educación a distancia muy novedosa, comenzó, poco a poco, a tomar la forma de un proyecto mucho mayor que tenía unas características y beneficios nunca antes vistos.

En este punto, el *e-learning* había nacido, y requería de muchas herramientas que lo complementaran y ayudaran en su avance.

SABÍAS QUE...

La enseñanza *e-learning* nace en el año 1996 para hacer referencia a un tipo de enseñanza que se lleva a cabo a través de medios electrónicos e informáticos.

Una de las principales necesidades que cubrir era la creación de un soporte para esta metodología, o, lo que es igual, un lugar en internet donde salvaguardar todo el material didáctico que se estaba creando para llevar a cabo un proceso *e-learning*. Es en este momento cuando surgen las **plataformas *e-learning*.**

DEFINICIÓN

Plataforma *e-learning*
Son sistemas que almacenan el contenido formativo y, además, permiten organizarlo, gestionarlo, acceder a él y utilizarlo en cualquier momento y desde cualquier lugar.

2.2. Tipos de plataformas *e-learning*

Con el transcurso de los años, el número de plataformas *e-learning* ha crecido enormemente. Dependiendo de su desarrollo, pueden verse plataformas gratuitas o de pago, de código abierto, alojadas en la nube o que requieren de instalación, otras pueden utilizarse desde una web, e incluso las hay que se crean a medida de los centros formativos y educativos. Aun así, y a pesar de estas disparidades, todas pueden **clasificarse de dos formas:**

LMS

- *Learning management system*. Es un sistema de gestión de aprendizaje. Estos *softwares* permiten la organización y gestión de los contenidos de aprendizaje. En ellos se pueden incluir los estudiantes que van a formar parte de cada programa, y, además, asignarlos a cada curso, calificarlos e incluso comunicarse con ellos.

Continúa en página siguiente >>

<< Viene de página anterior

LMCS

- *Learning content management system*, traducido como 'sistema de gestión de contenidos y aprendizaje'. Engloba todas las funciones anteriores y añade un plus, y es que con un sistema LMCS también es posible crear el contenido.

NOTA

Aunque de forma generalista se hable de plataformas LMS, es más habitual encontrar LMCS que del primer tipo.

2.3. Tipos de plataformas *e-learning*

Al margen de la pequeña diferencia que separa a una de la otra, ambos tipos de plataformas presentan características comunes:

- **Uso del *adaptative learning*:** traducido como 'aprendizaje adaptativo', es muy similar al concepto de individualización del aprendizaje. Se define como el modo de diseñar una actividad formativa adaptada a las necesidades de cada estudiante.
  Con una plataforma *e-learning*, la adaptación a los diferentes ritmos presentados por los estudiantes es mucho mayor. De hecho, se les dota de mayor independencia y responsabilidad en su quehacer diario, a cambio de que dispongan de un tiempo real de trabajo adaptado a sus necesidades. Lo mismo ocurrirá con los centros educativos y formativos, los docentes y diferentes procesos. Así, en resumen, estas plataformas dotan al proceso de enseñanza-aprendizaje de una mayor individualización.
- **Usabilidad:** es cierto que cualquier *software* informático requiere de cierto dominio tecnológico, y en el caso de las plataformas *e-learning* no es diferente. Sin embargo, si por algo se caracterizan es por su facilidad de uso y su interfaz intuitiva.
- **Estandarización:** uno de los grandes problemas que se presentó al comenzar a usar este tipo de plataformas fue que no todo el contenido que ya estaba hecho se podía utilizar en ellas, o viceversa, que el contenido generado en una LMCS no servía en otras plataformas o fuera de estas. A medida que las funcionalidades de las plataformas *e-learning* han ido creciendo, también lo ha hecho su estandarización. Esto no es otra cosa

que el uso de un lenguaje común para que los contenidos *e learning,* independientemente de cuál sea su origen, puedan usarse en todas ellas. El lenguaje más empleado en estos casos es **SCORM.**

Estándar SCORM *(shareable content object reference model)*
Lenguaje formado por un conjunto de especificaciones que permiten la estandarización de los contenidos *e-learning.*

Hoy día existen múltiples *softwares* que adaptan cualquier material creado a este estándar.

3. Uso de las plataformas *e-learning* como innovación en el campus virtual

 **HILO CONDUCTOR**

Lo que nuestra profe ha visto de las plataformas *e-learning* no le ha parecido nada mal. Sin embargo, no puede evitar pensar sobre si ella cumple los requisitos para poder utilizarlas.

En otras palabras, ¿están su metodología y la dinámica de su aula acordes a lo que se necesita para emplear una herramienta así?

Como cualquier innovación que se introduzca en una actividad educativa, la utilización de las plataformas *e-learning* requiere que ciertos requisitos conceptuales, materiales y formativos se cumplan. De lo contrario, su implantación será mucho más ardua de lo habitual y, probablemente, errónea. Tanto es así que incluso podrá tener como resultado uno totalmente contrario al esperado.

En este sentido, el **empleo** de estas plataformas *e-learning* dependerá en gran medida de:

- **Tipo de enseñanza impartida:** y es que no es lo mismo utilizar una plataforma LMS en un aula de infantil que en un centro formativo de adultos. Con esto nos referimos a que todo el proceso de enseñanza-aprendizaje es determinante para valorar si es conveniente el uso de una plataforma *e-learning:* los docentes, los estudiantes, los contenidos, objetivos formativos, nivel educativo, edad y un largo etcétera. Su implementación tiene que tener sentido práctico.
- **Metodología usada:** para introducir este tipo de innovaciones educativas se espera, al menos, que los docentes empleen metodologías innovadoras y activas. Carece de toda lógica que, si un docente sigue usando el método magistral, introduzca un aula virtual en su rutina.
- **Formación previa:** aunque este tipo de plataformas son fáciles de utilizar, siempre es preferible que se tenga cierta formación previa. Esta versará tanto sobre informática en general como sobre innovación educativa y TIC, en particular. En cuanto a los estudiantes, es igualmente conveniente que se dediquen algunas sesiones a mostrarles el funcionamiento de la plataforma.
- **Recursos materiales y económicos:** tanto del centro educativo o formativo como de los estudiantes.

  En el primer caso, es común que, al tratarse de centros completos, una versión gratuita de la plataforma *e-learning* no sea suficiente y haya que recurrir a una de pago. Igualmente, hay que considerar la disposición de ordenadores en el centro, conexión a internet y de otros medios tecnológicos muy útiles para usar TIC en el aula.

  En el caso de los estudiantes, hay que partir de la evidencia de que se hace uso de una plataforma *e-learning* desde algún lugar fuera del entorno educativo. Por ese motivo, hay que sondear a qué tipo de recursos tienen acceso, ya que, si existen estudiantes con dificultad para obtener un dispositivo electrónico o una conexión a internet, la implementación de estas plataformas será inviable.

Mobile learning o m-learning es un aprendizaje basado en los principios del e learning, pero que permite que este se lleve a cabo a través de dispositivos como smartphones o tablets, abaratando así los costes de esta enseñanza.

A pesar de eso, si se opta por implementar una de ellas en una actividad formativa, podrá observarse que los **beneficios** de su uso son más que evidentes, sobre todo si nuestro objetivo al utilizarlas está estrechamente relacionado con nuestra intención de **innovar en el aula.**

- **Gamificación:** la gamificación aplicada al ámbito educativo implica que el aprendizaje a través del juego es algo realmente factible, y no solo para los alumnos de más corta edad.
  Este tipo de metodología puede implementarse al utilizar materiales y actividades diseñados específicamente con este fin.
  En este caso, las plataformas *e-learning* desempeñan un papel muy importante, ya que permiten la creación y distribución de estos materiales de un modo realmente sencillo.
- **Mejora de la competencia digital:** la creación y utilización de un aula virtual tiene como resultado inevitable que la capacitación digital, tanto de los estudiantes como de los docentes, aumente considerablemente.
- **Metodologías activas e innovadoras:** este aspecto ya fue mencionado con anterioridad, y es que el uso de una herramienta como las plataformas *e-learning* requiere, inevitablemente, que se apliquen metodologías innovadoras en las que el estudiante toma las riendas de su educación. El papel activo del alumnado es primordial, mientras que los docentes quedan relegados a un segundo plano, como guías del proceso formativo.
- **Implementación de otras *apps* educativas:** es habitual observar que las plataformas e learning se asocian con otros *softwares* o aplicaciones que complementen sus servicios. Estas se encuentran preinstaladas y ayudan a que el servicio ofrecido por la LMS o LMCS sea completo y global.

En esta línea, durante los últimos años incluso es habitual encontrar este tipo de asociación con diversas redes sociales.

PARA SABER MÁS

Puedes consultar el siguiente artículo para conocer las metodologías activas que más se aplican en el aula, accediendo desde aquí:

Continúa en página siguiente >>

<< Viene de página anterior

https://redirectoronline.com/ssce010po0502

APLICACIÓN PRÁCTICA

Durante un descanso en la sala de profesores, la profesora de Inglés comenta que, desde que utiliza una plataforma LMCS, ha conseguido que sus estudiantes se aprendan de manera mucho más rápida y eficiente los verbos irregulares. Para mejorar el proceso, les ha creado una actividad similar al juego del Trivial, y los alumnos están encantados. ¿Sabrías decir a qué tipo de innovación educativa, facilitada por la LMCS, hace referencia esta docente?

Solución

La gamificación aplicada al ámbito educativo implica que el aprendizaje a través del juego es algo realmente factible, y no solo para los alumnos de más corta edad.

Este tipo de metodología puede implementarse al utilizar materiales y actividades diseñados específicamente con este fin.

En este caso, las plataformas *e-learning* desempeñan un papel muy importante, ya que permiten la creación y distribución de estos materiales de un modo realmente sencillo.

4. Realización de un ejercicio práctico en el que se definan e identifiquen los diferentes tipos de plataformas *e-learning*

HILO CONDUCTOR

Mireia ya ha visto que, haciendo algunos retoques en su dinámica, puede emplear una plataforma *e-learning* y que, además, le serviría de mucho.

Lo que no tiene tan claro es qué plataforma le conviene. ¡Hay tantas que no sabe por dónde empezar a mirar!

Al igual que ocurre en cualquier otro ámbito, las plataformas *e-learning* se convirtieron en un negocio creciente, al ser conscientes las empresas tecnológicas de su utilidad.

Esto no significa necesariamente que no sean de código abierto, sino que la competencia es cada vez más feroz para que la plataforma elegida por un centro educativo sea una u otra.

Con esta intención, todas las compañías se centran en mejorar su interfaz, tener un mejor y más amplio catálogo de servicios o en adaptarse a las últimas innovaciones, como puede ser el uso de la IA.

SABÍAS QUE...

Muchos servidores o aplicaciones web ofrecen *plugins* y *softwares* básicos para que, sobre ellos, el usuario sea quien cree una LMS o LMCS adaptada a sus necesidades.

Un buen ejemplo de estas aplicaciones web lo ofrece WordPress. En él se pueden encontrar *plugins* como *LearnPress* o *Tutor LMS*.

Actualmente existen multitud de plataformas *e-learning,* pero entre las más populares se encuentran **Moodle, Blackboard, isEazy o Canvas LMS.**

ACTIVIDAD COMPLEMENTARIA

13. Para ampliar conocimientos relacionados con los distintos tipos de *plataformas e-learning* y sabiendo de antemano los dos tipos de plataformas que existen, analiza isEazy, una de las plataformas *e-learning* de mayor envergadura, junto con Moodle.

    Puedes acceder a su web desde aquí:

Una vez dentro, comprueba estos datos:

- ¿Qué productos ofrece isEazy?
- ¿Es una plataforma *e-learning* de código abierto o es de pago?
- ¿La plataforma *e-learning* isEazy es una LMS o LMCS?

5. La plataforma Moodle

HILO CONDUCTOR

Después de informarse bien, Mireia ha visto que la plataforma *e-learning* más recomendada y más utilizada es Moodle. Además, es gratis.

De momento es su preferida, pero necesita saber más.

Moodle es la plataforma *e-learning* por excelencia. Surgió en 2002 de manos del pedagogo Martin Dougiamas como resultado de su tesis doctoral.

Su popularidad corrió como la pólvora, y, en el año 2005, ya se estaba utilizando en centros de todo el mundo, sobre todo universitarios.

DEFINICIÓN

Moodle
Es un sistema de gestión de contenidos y aprendizaje (LMSC) de código abierto.

Aunque en sus inicios era una LMS muy básica, en la actualidad, Moodle es la LMCS más completa y competente del mercado. Su código es abierto, y está adaptada a los principales sistemas operativos y los dispositivos que los albergan.

En ella, un mismo usuario puede crear varios espacios de trabajo en forma de cursos o aulas virtuales, y desarrollar en ellos todo el material correspondiente.

La versión 4.1 de Moodle, la última disponible en su web, data de noviembre de 2022. monticello / Shutterstock.com

5.1. Características de Moodle

Sin duda, una de las cuestiones que hace que Moodle sea tan popular es la gratuidad de su sistema. Además, esto no implica que el usuario se conforme con esta herramienta por el simple hecho de que no tiene que pagar por ella. Muy al contrario, Moodle se renueva constantemente y se ha convertido en uno de los *softwares* de gestión más completos.

Entre las **características** que hacen que Moodle (versión 4.1) sea tan aclamada, se encuentran (Moodle Docs, 2022):

- **Interfaz responsiva y accesible:** se trata de un entorno sencillo de utilizar, ya sea en su versión de ordenador o de dispositivos móviles. Dada la disposición y apariencia de su menú operativo, cualquier usuario principiante es capaz de navegar por ella sin problema.
- **Página de cursos:** la página de cursos se ha convertido en un gran recurso para los administradores de Moodle, ya que, de un solo vistazo, y en modo mosaico, pueden ver los cursos actuales, pasados y pendientes.
- **Línea de tiempo:** desde el tablero del administrador se pueden observar todas las fechas y eventos importantes, así como las actividades en curso y las notificaciones más recientes.
- **Actividades y herramientas colaborativas:** Moodle fomenta la innovación educativa al presentarse como una plataforma 360°. En ella no solo puedes elaborar un contenido sencillo en el que se pueda leer la teoría del curso, sino que también puedes añadir contenido multimedia, foros, wikis, glosarios y multitud de actividades interactivas más.
- **Gestión de archivos sencilla:** además de poder crear archivos allí mismo, también es posible subir a la plataforma aquellos ya creados. Para eso podemos utilizar una carga ordinaria, o emplear almacenamiento en la nube como OneDrive, Dropbox o Google Drive. Bastará con arrastrar los elementos desde una pantalla hasta la otra para que se carguen.
- **Fácil manejo:** esto nos lleva de nuevo a su interfaz, y es que cualquier elemento de gestión o creación de contenido existente en Moodle hace uso de diseños sencillos y conocidos por todos. Se trata de menús sencillos, con simbología fácilmente reconocible.
- **Automatización de notificaciones:** permite que los usuarios activen alertas con la finalidad de ser avisados de las últimas tareas, o de si han recibido algún mensaje.
- **Seguimiento de la actividad:** Moodle posee una herramienta de monitoreo de progreso que facilita enormemente, tanto a estudiantes como a docentes, saber en qué punto exacto de la actividad formativa se encuentran.
- **Moodle app:** en su empeño por seguir adaptándose, Moodle ha puesto a disposición de los usuarios una *app* para dispositivos móviles, consiguiendo que su plataforma esté al alcance de todos.

5.2. Elementos y funciones de Moodle

Para saber realmente lo que podemos hacer a través de Moodle, es imprescindible que primero conozcamos cuál es su aspecto, qué elementos contiene su consola y qué acciones se pueden realizar con cada uno de ellos.

Con esa intención, a continuación dividiremos este apartado de la misma forma que el menú operativo de Moodle.

Página principal

Desde aquí podremos acceder a nuestro perfil, seleccionar el idioma y ver qué actividades tenemos disponibles.

Al no haber entrado aún en la cuenta, los detalles que se nos ofrecen son realmente limitados.

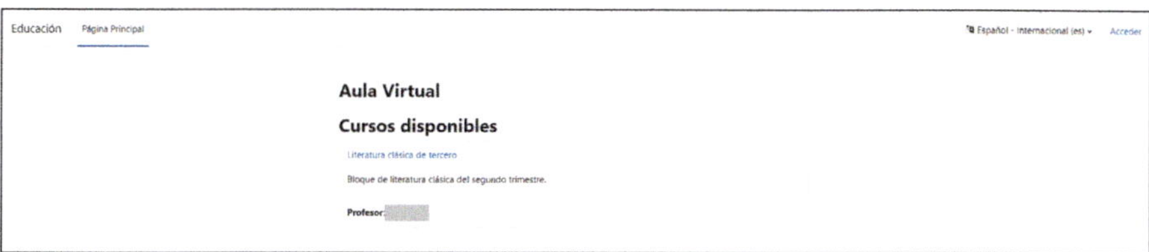

La página principal de Moodle muestra datos personalizados por el usuario. A modo de ejemplo, Aula Virtual es el nombre del espacio Moodle, y Educación es el nombre corto con el que se identifica el espacio.

Barra de menú

Cuando accedemos a Moodle, la barra en la que se encuentra la **Página principal** se amplía.

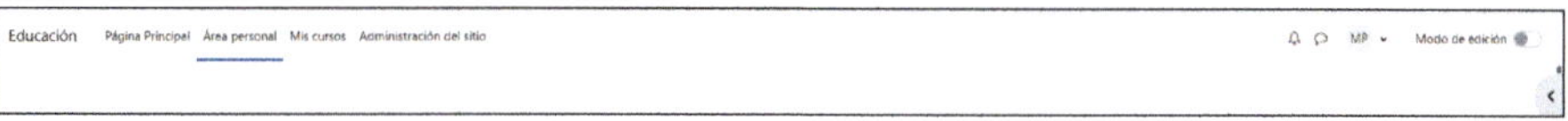

Todos los accesos a la configuración y realización de acciones de Moodle se encuentran en este menú. Cada vez que se clica en un apartado, la pantalla principal cambia y se muestran sus opciones.

Este menú consta de:

- **Área personal:** son datos de organización para el usuario.
- **Mis cursos:** Aquí aparecen, en forma de mosaico, todos los cursos asignados al usuario.
- **Administración del sitio:** desde aquí se puede acceder a toda la configuración general de Moodle, a la de usuarios, cursos, calificaciones, extensiones, apariencia, servidor, informes y desarrollo.
- **Icono de campana:** es el menú de notificaciones. Si se clica sobre él, se ampliará la ventana con dichas notificaciones. También hay un acceso directo para realizar ajustes sobre estos avisos.

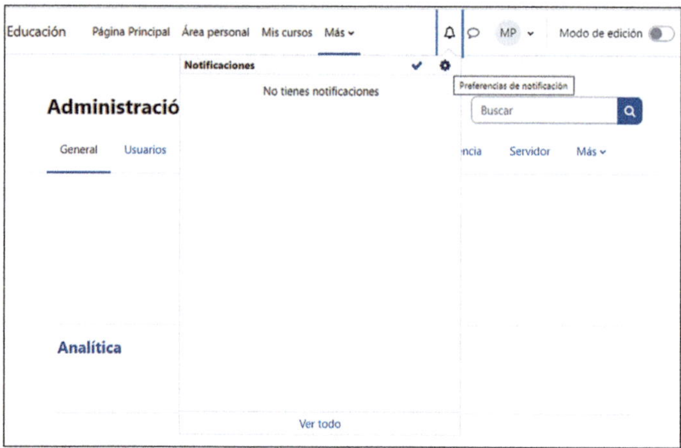

Desde la ventana de notificaciones se pueden ajustar las preferencias sobre estos avisos, ampliar dicha ventana para poder ver todas las notificaciones y marcar aquellas que ya están leídas.

- **Bocadillo de conversación:** da acceso al chat. Al acceder se pueden ver los usuarios disponibles, las charlas que están en curso, los grupos de chat creados y los mensajes privados.

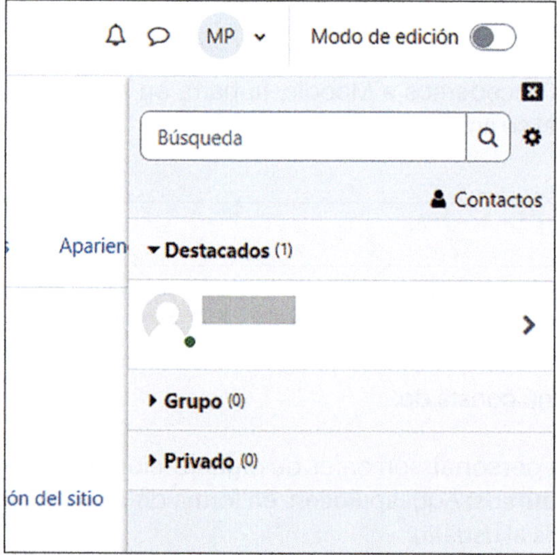

La ventana de chat permite que, desde allí, se ajusten los parámetros de las conversaciones y el nivel de privacidad. Igualmente, podemos acceder al grueso total de contactos y ver posibles peticiones de contacto.

- **Icono de usuario:** reconocible porque aparecen las siglas del nombre del usuario. Da acceso al perfil, a las calificaciones, calendario, archivos privados, informes, algunos ajustes básicos y al cerrado de sesión.

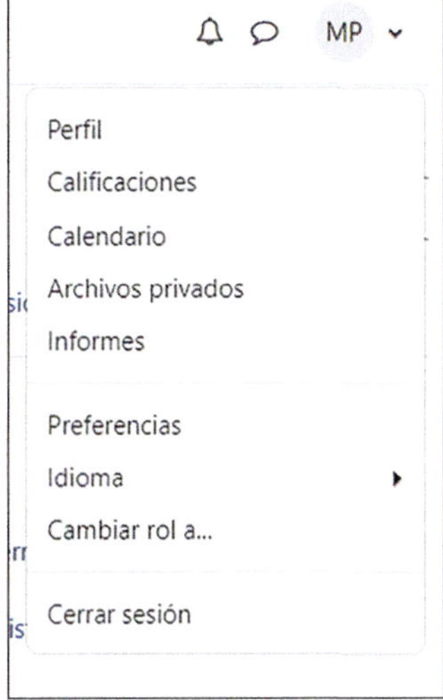

Un mismo perfil puede tener varios roles. Por ejemplo, se puede ser administrador del sitio, profesor, creador de curso o gestor, entre otros. Estos pueden cambiarse desde el icono de perfil.

- **Modo de edición:** a través de este botón podemos observar la página como estudiante (modo de edición desactivado) o como administrador (modo de edición activado). Cuando esté activo, podremos realizar las modificaciones deseadas.

PARA SABER MÁS

Si quieres conocer más sobre MoodleNet, puedes hacerlo accediendo desde aquí:

https://redirectoronline.com/ssce010po0504

Área personal

En el momento en que accedemos a Moodle, nuestra perspectiva y las posibilidades de acción varían considerablemente.

Aquí encontramos:

Línea de tiempo

- Donde aparecerán las actividades y eventos a los que prestar atención próximamente. Estos pueden ordenarse por cercanía temporal, fecha, tipo o nombre.

Calendario

- Aparecen avisos similares a los de la línea de tiempo, pero en forma de calendario. A diferencia de la anterior, en el calendario sí podemos añadir eventos personalizados. Igualmente, si manejamos varios calendarios en aplicaciones distintas (por ejemplo, Google Calendar y Moodle), es posible exportar o importar calendarios desde Moodle para tener todos los eventos reunidos en un solo. Para ello, solo tendremos que pulsar al final del calendario en [Importar o exportar calendarios], y a continuación realizar la importación o exportación siguiendo los pasos indicados por Moodle.

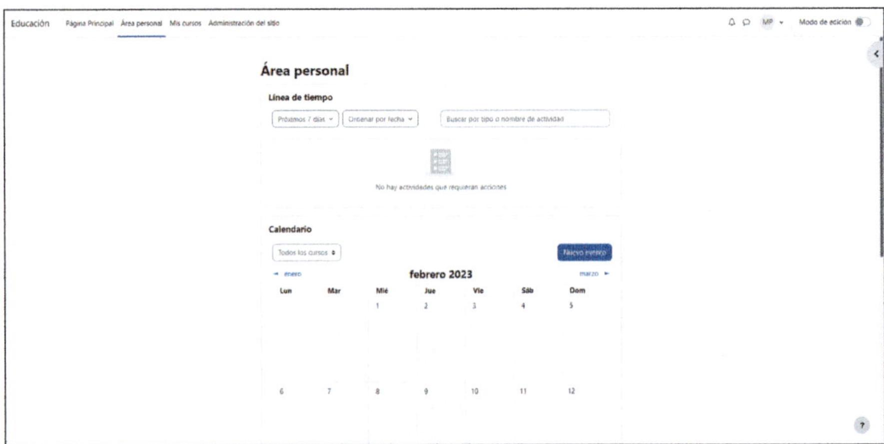

Una de las peculiaridades del calendario es que permite visualizar los eventos, de modo individualizado para cada curso o de forma global.

RECUERDA

Recuerda que la línea de tiempo es una de las características destacadas de la versión 4.1 de Moodle.

Mis cursos

En la zona de los cursos se pueden observar y acceder a los cursos en los que se ha matriculado el usuario.

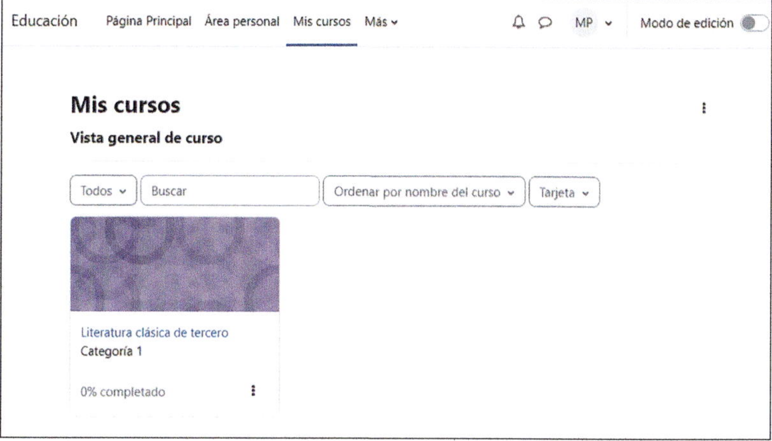

La visualización de los cursos en mosaico (tarjeta) es la que Moodle muestra por defecto. También pueden aparecer en modo lista o resumen.

Desde esta vista general, es posible organizar los cursos según su nombre, los últimos a los que hemos accedido, según si están en progreso, son pasados o están pendientes de realizar.

IMPORTANTE

Al clicar en los tres puntos que aparecen en la tarjeta del curso se despliega un pequeño menú que nos deja destacar el curso o archivarlo.

Administración del sitio

La opción de **Administración del sitio** está principalmente dedicada a la configuración de la plataforma Moodle.

Dada su extensión, nos centraremos en aquellos **ajustes que consideramos de mayor utilidad:**

- **Usuarios:** desde aquí se podrán ver todos los usuarios registrados y matriculados en los cursos, crear o eliminar usuarios, definir los roles de cada usuario, determinar los permisos de cada uno de ellos y seleccionar las opciones de privacidad.
- **Cursos:** permite la administración de los cursos y su categoría, crear, eliminar y restaurar cursos, descargar el contenido asociado a un curso y realizar copias de seguridad, entre otros parámetros.
- **Calificaciones:** podrán aplicarse ajustes generales sobre los ítems de calificación, la categoría de calificación y la forma en que se muestran las calificaciones a los usuarios.
- **Extensiones:** se pueden instalar *plugins* propios (mediante subida de archivo ".zip") o desde la web de Moodle. Para eso, debemos estar previamente registrados.

VÍDEO

Aprende más sobre la configuración de las calificaciones en Moodle con un videotutorial, accediendo desde aquí:

https://redirectoronline.com/ssce010po0505

Después de descubrir Moodle, Lena, la profe de Inglés, ha abandonado la LMCS que utilizaba y se ha pasado a esta plataforma. Está intentado agilizar al máximo el traspaso de datos, pero se ha atascado con los calendarios, así que está introduciendo los datos uno a uno en el calendario de Moodle. ¿Crees que esta es la forma más eficiente de hacerlo?

Solución

No es la mejor manera de hacerlo, ya que puede importar los datos. Si recordamos, los ajustes y funcionalidades del calendario de Moodle, podemos afirmar que, si manejamos varios calendarios en aplicaciones distintas (por ejemplo, Google Calendar y Moodle), es posible exportar o importar calendarios desde Moodle para tener todos los eventos reunidos en uno solo. Para ello, solo tendremos que pulsar al final del calendario en [Importar o exportar calendarios], y a continuación realizar la importación o exportación siguiendo los pasos indicados por Moodle.

6. Instalación y exploración de las plataformas educativas *e-learning,* especialmente la plataforma Moodle

HILO CONDUCTOR

Visto que el funcionamiento de Moodle es bastante sencillo, a Mireia solo le falta saber cómo puede hacerse con la plataforma, instalarla y configurarla.

Hasta que no la tenga personalizada y practique, no podrá conocer cuál es su alcance ni si Moodle podrá satisfacer todas las necesidades educativas de su proyecto.

La instalación y primeros pasos en Moodle pueden ser algo dificultosos si no estamos familiarizados con este tipo de sistemas. Y es que la realidad es que la complejidad del programa, en sí mismo, hace que su instalación y ejecución también lo sea.

Con el *software* de Moodle no se trata de abrir un archivo ".exe". Moodle necesita de un servidor web (página web) en el que instalarse y crear una base de datos, o que optemos por la versión "sencilla" de su instalación, para la que se recurre al servidor local que todos los equipos conectados a internet tienen.

DEFINICIÓN

Localhost
Servidor local ubicado en un equipo informático con conexión de red. Al iniciarlo, el sistema informático actúa como emisor y receptor del paquete de datos de internet.

La instalación de Moodle que desarrollamos aquí se realiza mediante un servidor local. En ella usamos la versión 4.1.1+.

Para realizar la instalación de Moodle, seguiremos estos pasos:

- **Accede a la página de Moodle:** desde el explorador se puede acceder a www.moodle.org. Al entrar en la web, nos fijaremos en el menú horizontal situado en la zona superior derecha. Allí pulsaremos en **Descargas.** Descarga la última versión de Moodle.

Desde la página principal de Moodle se pueden descargar las últimas versiones del software, y, además, se puede acceder a multitud de herramientas para su uso, tales como documentos, discusiones del foro o demos.

- **Descarga el paquete de instalación:** existen opciones de instalación para *Windows e iOS.* Si no se dispone de una web en la que instalar Moodle, y se va a hacer uso de un servidor local, como en nuestro caso, es conveniente que la instalación se realice a través de paquetes de instalación. Una vez descargado, habrá que descomprimir los archivos.

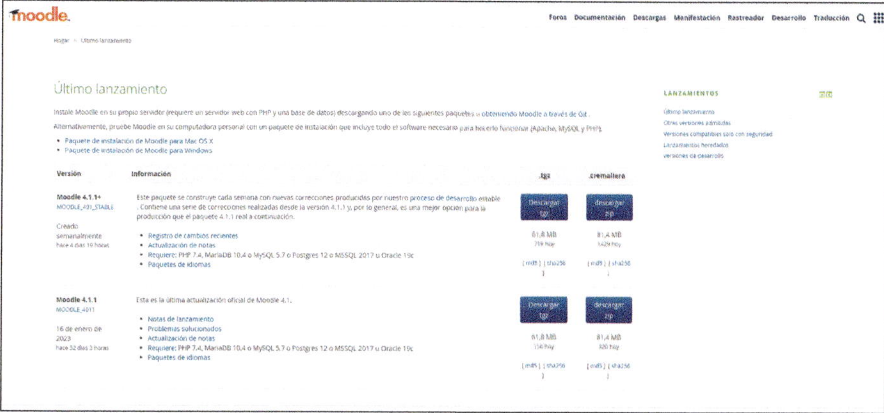

Generalmente, las versiones comprimidas ".tgz" y ".zip" que aparecen más abajo están destinadas a la instalación de Moodle en servidores y webs.

- **Abre la carpeta de instalación y ejecuta el *software:*** al abrirla, aparecerán tres iconos. El primero es una carpeta en la que, en principio, no debemos hacer nada. A continuación, el icono de Moodle con el texto "Start Moodle" y el icono de un *stop* en que se puede leer "Stop Moodle". Para comenzar, clicaremos sobre **Start Moodle,** y se ejecutará el programa sobre una ventana negra. Cuando aparezca el texto "APACHE and MYSQL are running...", podremos activar el servidor local.
Para ello, iniciaremos el explorador de internet y en la barra de búsqueda escribiremos "localhost". Después, aparecerá el primer paso para configurar Moodle e instalarlo.

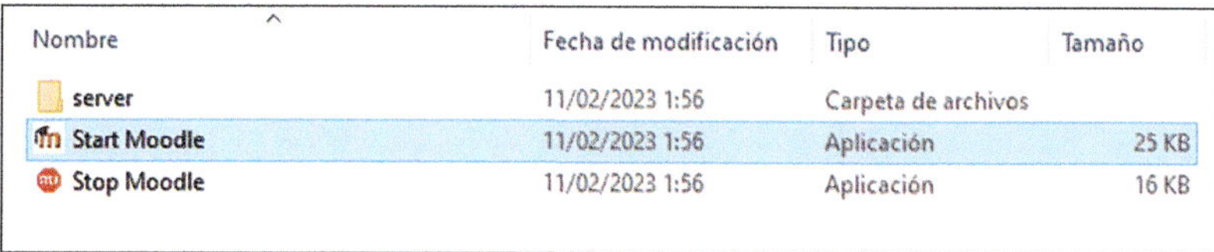

Nombre	Fecha de modificación	Tipo	Tamaño
server	11/02/2023 1:56	Carpeta de archivos	
Start Moodle	11/02/2023 1:56	Aplicación	25 KB
Stop Moodle	11/02/2023 1:56	Aplicación	16 KB

Cuando el programa funcione con normalidad, estos serán nuestros botones de encendido y apagado.

Una vez instalado Moodle, hay que mantener la carpeta de instalación. Los iconos **Start Moodle** y **Stop Moodle** serán nuestros botones de encendido y apagado.

Así, para activar el programa clicaremos en **Start Moodle** y, a continuación, abriremos localhost en nuestro servidor y nos identificaremos.

Para finalizar, bastará con cerrar sesión en *localhost* y clicar en **Stop Moodle.**

NOTA

La instalación de Moodle desarrollada se realiza mediante un servidor local. En ella se usa la versión 4.1.1+.

Si se prefiere la instalación por vía de comandos, puedes consultarse la información en la guía de instalación, accediendo desde aquí:

https://redirectoronline.com/ssce010po0506

En este punto, no solo comienza el proceso de instalación en sí mismo, sino también el de configuración básica. Y es que, a medida que el programa se vaya instalando, nosotros tendremos que seleccionar determinadas opciones.

Veámoslo paso a paso:

- **Elige el idioma:** en la zona inferior de la pantalla aparece un desplegable con todos los idiomas en los que está disponible Moodle. En nuestro caso, seleccionamos **Español- Internacional (es).**

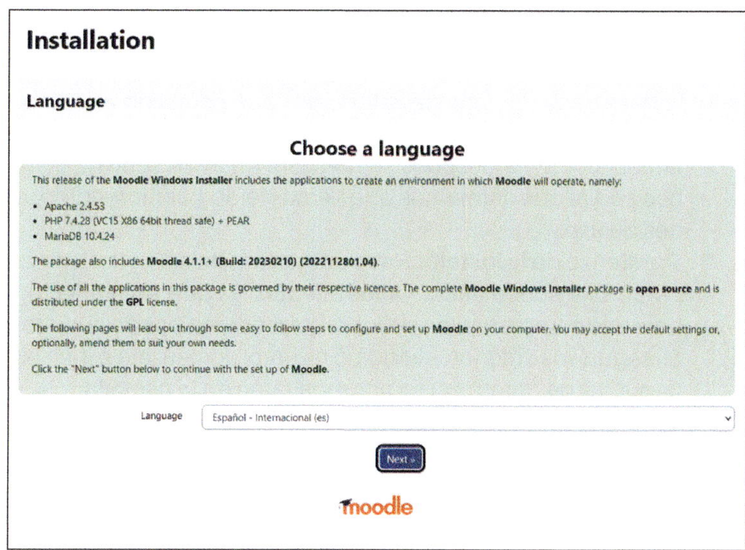

Existen varias opciones más de idioma español. Conviene buscarlas por si se adaptan más a las necesidades del usuario.

- **Selecciona la ruta de almacenamiento:** tendremos que indicar la dirección web en la que va a instalarse Moodle (*localhost* en este caso), cuál va a ser el directorio de Moodle y dónde se ubicará el directorio de datos. En caso de no manejarnos especialmente bien con estos términos, es preferible mantener los que aparecen por defecto.

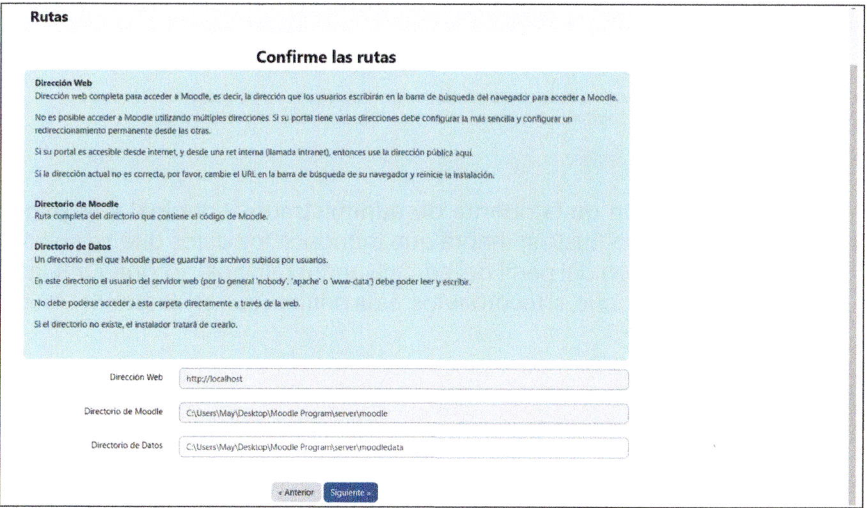

Si la instalación se está haciendo en un servidor local, es normal que Moodle lo detecte y aparezca automáticamente.

- **Aceptación de la creación de base de datos y de las condiciones de la instalación:** Moodle nos solicitará permiso, en primer lugar, para crear la base de datos. Este paso tenemos que permitirlo indudablemente, ya que, de lo contrario, el programa no funcionará.
  Inmediatamente después se nos dará un aviso sobre la instalación y se nos pedirá que afirmemos que hemos leído y comprendido las condiciones de uso.
- **Comienzo de la instalación:** durante la instalación tan solo podemos esperar. Esta puede tardar varios minutos, ya que, en primer lugar, Moodle hará una comprobación de los requisitos técnicos de nuestro ordenador. Si, según sus criterios, el equipo es apto, comenzará a instalar pequeños paquetes de datos que se nos mostrarán en la pantalla.

Instalación

Sistema
Éxito (494,57 segundos)

antivirus_clamav
Éxito (0,75 segundos)

availability_completion
Éxito (0,32 segundos)

availability_date
Éxito (0,59 segundos)

availability_grade
Éxito (1,35 segundos)

availability_group
Éxito (0,56 segundos)

La rapidez con que se instalan los paquetes de datos de Moodle dependerá, en gran medida, del equipo y de la conexión a internet. Es importante tener paciencia y no tocar nada durante el proceso.

- **Configuración de la cuenta de administrador principal y la página principal:** para finalizar, habrá que introducir los datos que se solicitan para la creación del perfil del administrador principal, y configurar la página principal, que, si recordamos, es la primera que se ve al abrir Moodle.

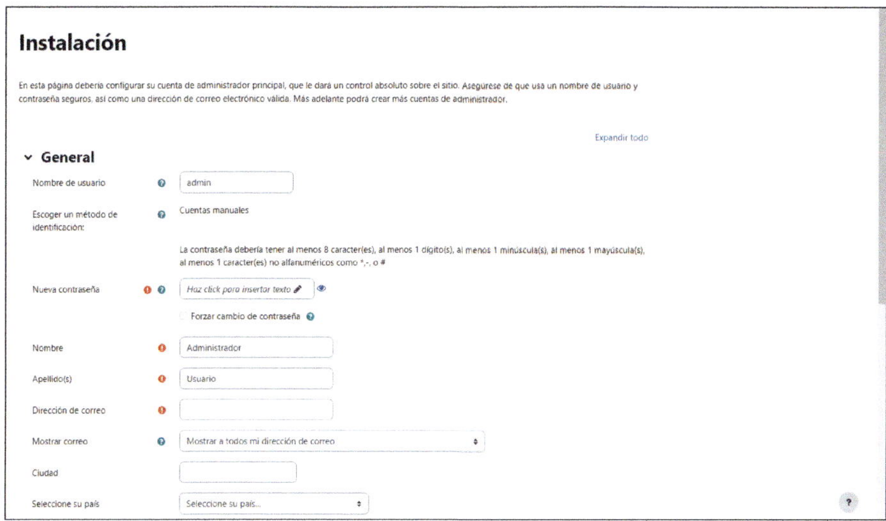

El nombre de usuario solo sirve para iniciar la sesión. Normalmente no se ve en ningún otro sitio de la plataforma. Aun así, pon una denominación reconocible y en minúsculas, ya que Moodle no acepta las mayúsculas en este nombre.

Si la instalación se ha realizado correctamente, y los ajustes son los adecuados, la última pantalla que aparecerá será el área personal del propio programa.

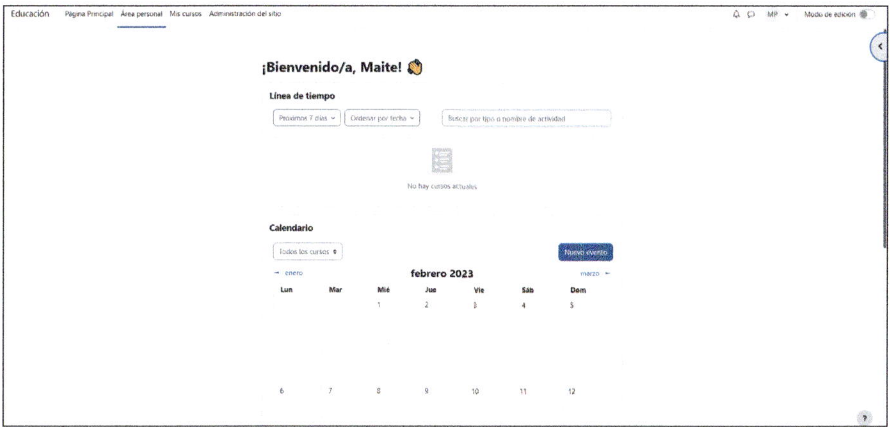

Desde el área personal tenemos visión y acceso a todos los apartados de configuración y creación de Moodle.

ACTIVIDAD COMPLEMENTARIA

14. Apoyándote en la información anterior, instala Moodle en tu equipo y configúralo según tus intereses.

    Ten en cuenta que utilizaremos Moodle en más ocasiones durante esta unidad, por lo que es recomendable que los ajustes de la plataforma, de momento, sean lo más neutros posibles, y que tú seas el administrador.

    Una vez hecho, haz una captura de pantalla de tu área personal, como la que mostramos en páginas anteriores.

7. Análisis de los elementos importantes a la hora de gestionar y desarrollar un curso en Moodle a través de la realización de un ejercicio práctico

HILO CONDUCTOR

Para nuestra profe no hay mucho más que pensar. Moodle es su herramienta y va a empezar a practicar con ella.

El primer paso es crear un curso y llenarlo de actividades. Quiere saber hasta dónde puede llegar la plataforma.

La utilidad y facilidad de uso de Moodle es bien conocida. Si por algo destaca, además de su gratuidad, es por tener una interfaz sencilla e intuitiva, en la que sus diferentes acciones se reconocen a simple vista.

Sin embargo, a la hora de crear y gestionar determinados aspectos pueden surgirnos dudas, sobre todo si no estamos familiarizados con el modo administrador.

Por ese motivo, vamos a detenernos en algunas acciones como la **gestión de usuarios y cursos.**

A través de MoodleDocs, sus usuarios pueden estudiar en profundidad todas las utilidades de la plataforma. Accede a este apartado desde aquí:

https://redirectoronline.com/ssce010po0507

7.1. Crear un curso en Moodle

En Moodle, recibe el nombre de **curso** toda acción formativa que vaya a realizarse a través de la plataforma.

Da igual que se trate de una unidad didáctica, una asignatura o un curso en sí mismo; todo se crea bajo el mismo nombre.

Para generar un curso, clicaremos en **Administración del sitio → Cursos.** Una vez allí, pulsaremos **Crear un nuevo curso.**

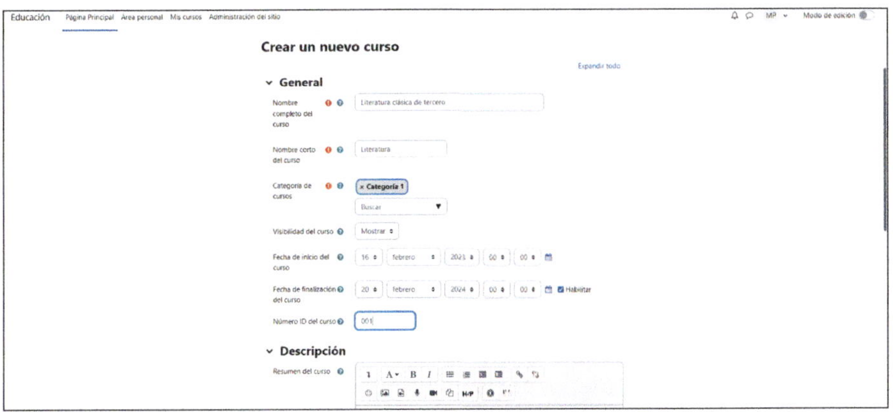

Para crear un nuevo curso en Moodle, bastará con rellenar algunos datos básicos. La plataforma se encarga del resto.

A partir de aquí, tendremos que rellenar algunos datos y establecer los ajustes de nuestro curso:

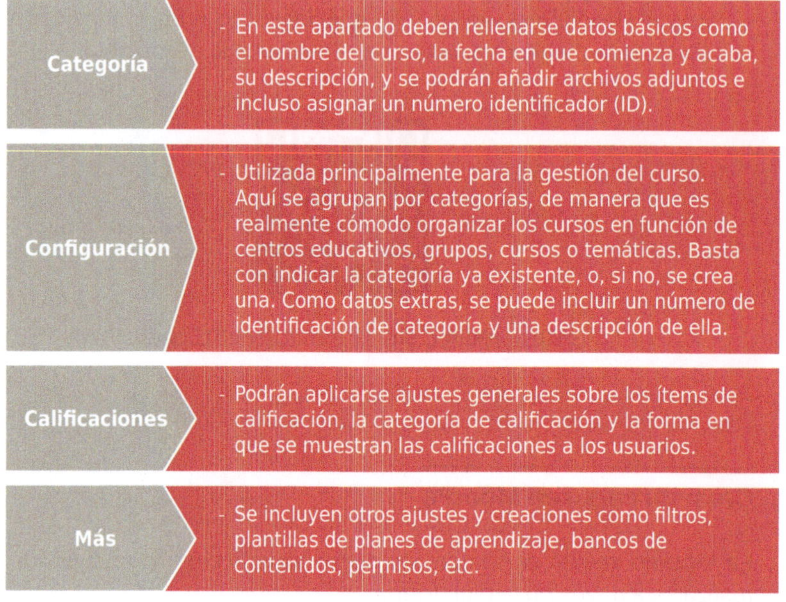

Cuando todos los detalles del curso se guarden, podremos comprobar en **Mis cursos** si se ha guardado correctamente.

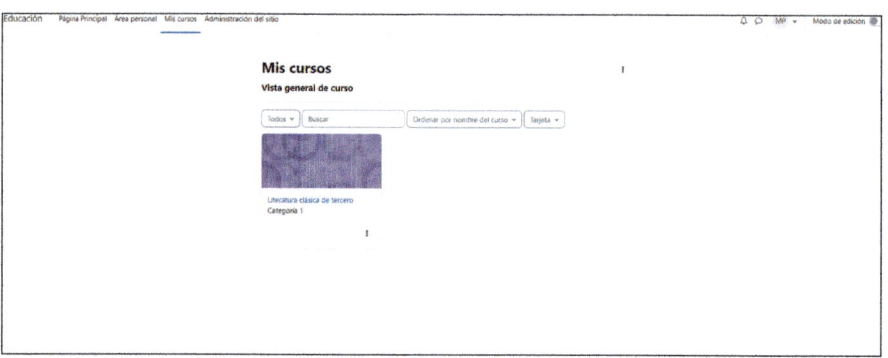

La vista general de cursos permite contabilizar los contenidos creados, y clasificarlos en función del momento de su realización.

Si clicamos en él, podemos ver la creación por defecto:

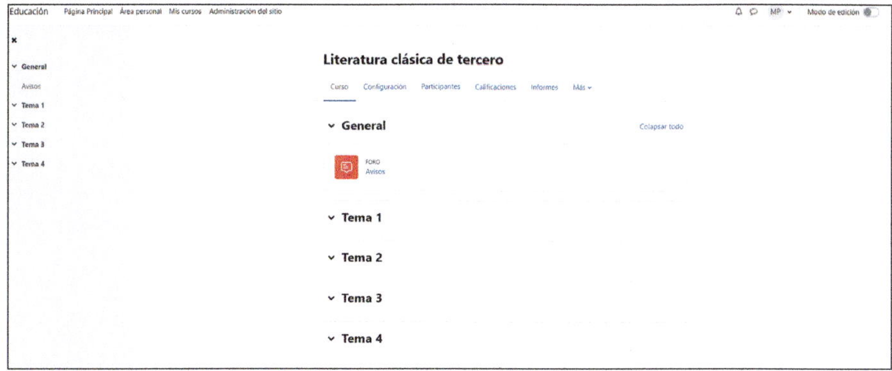

Desde la página del curso pueden modificarse, activando el modo edición, todos los aspectos que lo conforman.

Si no se le indica lo contrario, Moodle generará el curso con algunos temas y, al menos, un foro para fijar avisos a los participantes.

Todo puede modificarse, pero no es recomendable que se elimine el foro de avisos.

7.2. Añadir actividades y contenidos

Para completar el curso es necesario que se configure su contenido de modo acorde al itinerario formativo que corresponda.

Siempre que queramos editar los elementos de un curso, habrá que activar el modo edición.

Para ello bastará con clicar en el símbolo [+] y añadir una actividad o recurso.

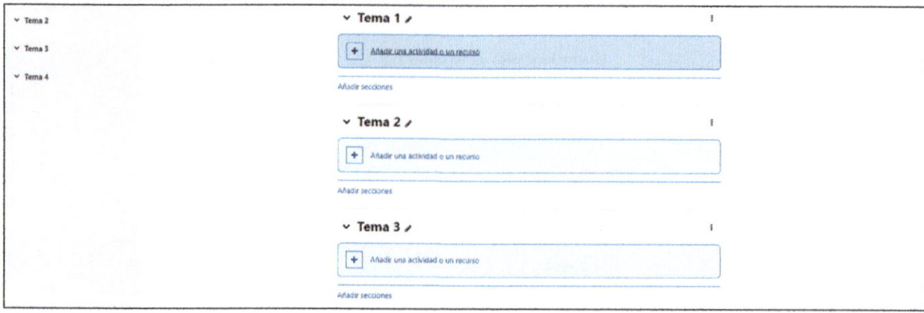

Desde el modo edición también es posible añadir secciones o temas a un curso

Las actividades o recursos de la plataforma se denominan **módulos.** Las opciones que ofrece Moodle son muy extensas:

- **Archivo:** permite añadir un archivo como recurso.
- **Base de datos:** ideada para crear, organizar y buscar información en un repositorio.
- **Carpeta:** se crean, principalmente, con la finalidad de agrupar y gestionar archivos. Además, permite que estas se compriman y descompriman.
- **Chat:** si se inserta, los usuarios pueden mantener charlas y discusiones.
- **Consulta:** es similar a un sondeo. El docente puede lanzar una pregunta y mostrar posibles respuestas. Es muy útil para hacer reflexiones sobre un tema, e incluso para extraer ideas previas sobre un tema.
- **Cuestionario:** como su nombre indica, se pueden generar cuestionarios con preguntas de respuestas múltiples, verdadero/falso, respuestas cortas, numéricas o de coincidencias.
- **Encuesta:** herramienta parecida a la consulta, pero ofrece mayor tipo de respuestas posibles.
- **Etiqueta:** este módulo permite la inserción de textos y elementos multimedia en las páginas del curso.
- **Foro:** para las discusiones y debates asincrónicos en el curso.
- **Glosario:** lugar donde incluir conceptos y definiciones relacionados con el curso. Con él se crea un pequeño diccionario especializado.
- **H5P:** es un paquete HTML5 para insertar contenido interactivo. A modo de ejemplo, se puede añadir contenido multimedia, juegos, presentaciones, etc.
- **Herramienta externa:** se usa para poder insertar en Moodle recursos creados o alojados en otros servidores.
- **Lección:** este módulo es especialmente útil para generar un contenido secuenciado, en forma de itinerario formativo, que aumente la comprensión de los estudiantes.
- **Libro:** tal cual se indica, este módulo crea un libro con contenido, distribuido en páginas, con capítulos y subcapítulos.

- **Página:** añade una página web para desarrollar en ella el contenido que se desee, ya sea en texto, mediante un sencillo editor o a través de contenido multimedia, incrustado o en modo enlaces.
- **Paquete de contenido IMS:** son archivos almacenados bajo un estándar de creación de objetos de aprendizaje común, que permite la legibilidad en diferentes plataformas.
- **Paquete SCORM:** trabaja la misma introducción de archivos que el anterior, pero, en este caso, el estándar utilizado es SCORM.
- **Taller:** con él es posible plantear el trabajo colaborativo y cooperativo entre los estudiantes.
- **Tarea:** a través de la creación de tareas por parte de los docentes, se podrá seguir la evolución de los estudiantes, evaluar su resultado y dar retroalimentación al trabajo realizado.
- **URL:** recurso destinado a insertar enlaces de internet.
- **Wiki:** este módulo permite que se construya una wiki colaborativa o individual dentro del tema al que se haya asignado. El moderador será el profesor o administrador de la plataforma, quien podrá configurar la wiki según el trabajo que desee que desarrollen los estudiantes.

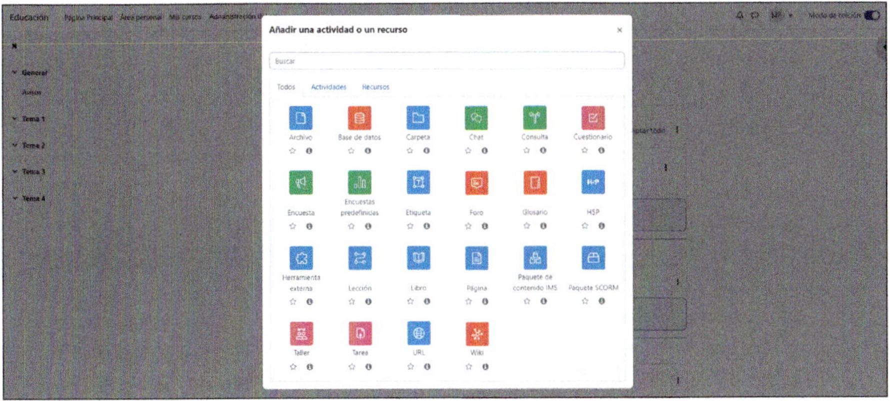

Las actividades y recursos pueden verse en su totalidad, o clasificarse por actividades o recursos, dependiendo de cuál se necesite.

SABÍAS QUE...

H5P es un marco de trabajo colaborativo para la creación y reutilización de contenidos interactivos.

TAREA 10

Considerando que Moodle es, de todas las vistas hasta ahora, la mejor opción para implementar diversas herramientas digitales en el aula, procederás, a continuación, a crear el escenario adecuado para implementar algunas de ellas.

Esta tarea la dividirás en dos. Por un lado, crearás un curso en Moodle, y, por otro, introducirás actividades en él.

Para **crear el curso** tendrás que seguir estas directrices mínimas:

- Nombre del curso: Literatura clásica de tercero
- Nombre corto: Literatura
- Categoría: 1
- Temporalización: un año para realizarlo, contado desde la fecha de creación
- ID del curso: 001
- Descripción: Bloque de literatura clásica del segundo trimestre

En cuanto a la **creación de actividades y recursos:**

- Tu curso tan solo tendrá dos temas, además del apartado General.
- En el apartado General se mantendrá el foro de avisos.
- En el Tema 1 se incluirá un libro denominado "Libro de introducción". Su descripción tendrá que poner "Para comprender el curso a la perfección, mejor lee el libro de introducción". Añadirás un capítulo cuyo contenido indique "De qué trata el curso". Recuerda que esta descripción debe mostrarse en la página del curso.
- En el Tema 2 se añadirá un cuestionario cuyo nombre será "Cuestionario 1". El aprobado se conseguirá con un 5/10. Esta información tendrás que indicarla en la descripción del recurso. Además, en los ajustes de la actividad tendrás que señalar que la calificación con la que se consigue el aprobado es un 5, que existen tres intentos para conseguirlo, y que de esos tres intentos primará el que tenga la calificación más alta.
- En el cuestionario se añadirá una pregunta de verdadero/falso, cuyo enunciado será "Todos los días sale el sol". La respuesta correcta es "verdadera", no se añadirán instrucciones, y las retroalimentaciones serán: "¡Bien hecho!" si se ha puesto que la afirmación es verdadera, y "Prueba de nuevo" si se ha marcado que la oración es falsa.

8. Elaboración de un dosier donde se recopilen las diferentes páginas web que nos sirven como recurso para ampliar la información

HILO CONDUCTOR

Mireia está en el punto final de su largo proceso de investigación y formación sobre herramientas digitales.

Para ella, Moodle tiene todo lo que necesita, y lo que no tiene lo puede integrar. Con este objetivo va a crear un nuevo apartado para su dosier.

Como en unidades anteriores, recordamos las **claves de elaboración de un dosier:**

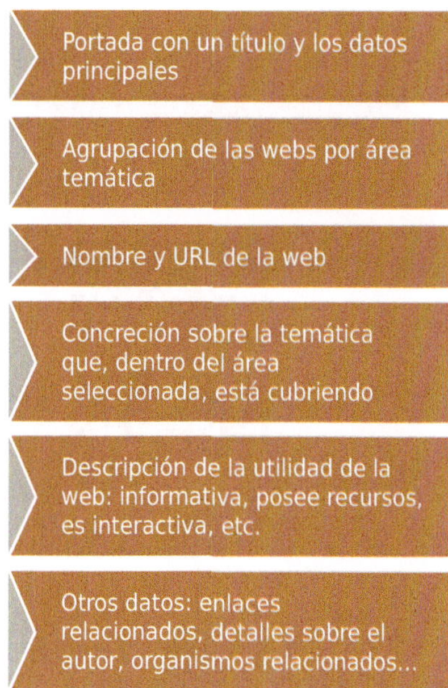

EJEMPLO

Puesto que Mireia quiere conocerlo todo sobre Moodle y sus posibilidades, la última parte de su dosier va a dedicarla a reunir documentos, artículos y webs en las que se hable sobre las posibilidades de Moodle.

En concreto, **su interés se ha focalizado en sus funciones y las posibles integraciones que pueden hacerse con Moodle.**

El primer sitio en el que ha encontrado información, realmente valiosa, es la propia página de Moodle.

Para incluirlo en el dosier, necesitará:

- Nombre de la web
- La dirección de la web
- La información de utilidad que contiene o nombre del artículo/experiencia
- La URL que enlaza con la información que nos interesa

Siguiendo el ejemplo de Moodle:

La dirección de la web: moodle.org

https://redirectoronline.com/ssce010po0508

- La información de utilidad que contiene o nombre del artículo/experiencia: "Documentos de Moodle (varias categorías)"
- La URL que enlaza con la información que nos interesa:

Continúa en página siguiente >>

<< Viene de página anterior

Documentation

https://redirectoronline.com/ssce010po0507

ACTIVIDAD COMPLEMENTARIA

15. Localiza al menos dos webs cuya información sea interesante, para que esta pueda incorporarse al dosier.

    No olvides incluir sobre cada referencia:

    - Nombre de la web
    - La dirección de la web
    - La información de utilidad que contiene o nombre del artículo/experiencia
    - La URL que enlaza con la información que te interesa

9. Resumen

Las plataformas *e-learning* son sistemas que almacenan, organizan y gestionan el contenido formativo. Se caracterizan por estar conectadas a internet y ser abanderadas de la educación a distancia.

Estas plataformas también son conocidas como LMS; sin embargo, esta acepción no es del todo correcta, puesto que las plataformas *e-learning* pueden ser *LMS (learning management system)* o *LMCS (learning content management system)*. Las primeras son un sistema de gestión de aprendizaje. Las segundas, también, y además pueden crear contenidos.

La utilización de una u otra dependerá de elementos como:

Independientemente de la elegida, sus beneficios son bastante claros:

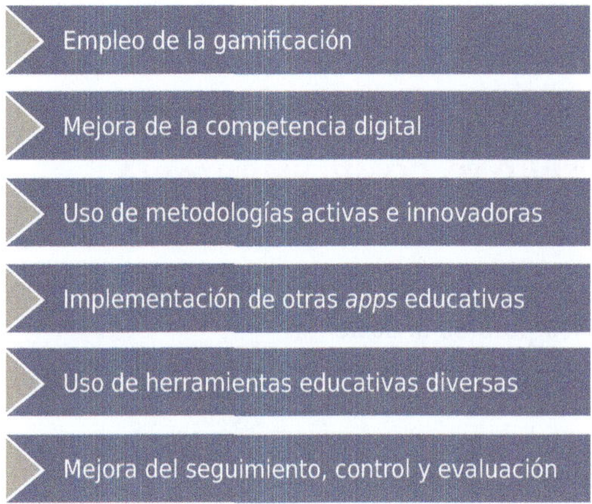

La plataforma Moodle es la más popular entre las plataformas *e-learning*. Permite realizar contenidos con actividades y recursos, implementar aplicaciones externas, gestionar la información y, además, es compatible con diversos paquetes de estándares.

Esta aplicación es de código abierto, completamente gratuita, y está en constante actualización.

Para instalarla en nuestro equipo, basta con descargarla desde su página web y ejecutarla mediante una página web de nuestra propiedad o a través de un servidor local.

Su interfaz es bastante intuitiva y sencilla de utilizar. En ella se pueden diferenciar algunos elementos principales, como:

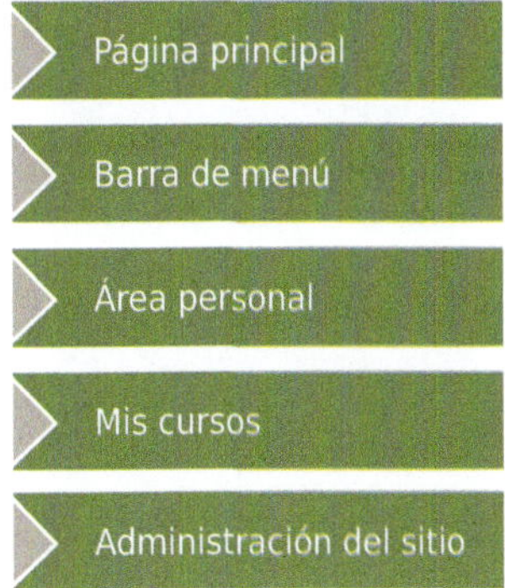

Desde aquí podremos realizar cualquier operación sobre nuestra página de Moodle.

Ejercicios de autoevaluación Unidad de Aprendizaje 5

1. **Indica en qué año nació la enseñanza *e-learning:***

    a. 1994
    b. 1995
    c. 1996
    d. 1997

2. **Las plataformas *e-learning...***

    a. ... son un sistema alternativo para integrarlo en plataformas LMCS.
    b. ... son aplicaciones para integrar en una LMS.
    c. ... son sistemas que crean contenido formativo.
    d. ... son sistemas que almacenan y organizan el contenido formativo.

3. **Indica cuál de los siguientes es un tipo de plataforma *e-learning:***

    a. LMCS
    b. LSCM
    c. LMSS
    d. LMSC

4. **Indica cuál de las siguientes no es una característica común de los distintos tipos de plataformas *e-learning:***

    a. Uso del *adaptative learning*
    b. Usabilidad
    c. Estandarización
    d. Programación en código abierto

5. **Señala cuál de los siguientes no es un beneficio del uso de las plataformas *e-learning:***

    a. Gamificación
    b. Adaptabilidad

c. Mejora de la competencia digital
d. Implementación de otras *apps* educativas

6. Señala la opción correcta:

a. El tipo de enseñanza que se imparta no debe tenerse en cuenta para decidir si utilizar una plataforma *e-learning.*
b. El uso de una plataforma *e-learning* dependerá en gran medida de la metodología usada.
c. La innovación en el aula no está vinculada al uso de plataformas *e-learning.*
d. Las LMS y las LMCS se diferencian por el tipo de recurso que se puede crear en ella.

7. Determina si la siguiente oración es verdadera o falsa: "El estándar SCORM es un lenguaje formado por un conjunto de especificaciones que permiten la estandarización de los contenidos *e-learning*".

- Verdadero
- Falso

8. La plataforma *e-learning* por excelencia es:

a. Mudel
b. Magle
c. Moodle
d. Muggle

9. ¿En qué año nace Moodle?

a. En 2022
b. En 2002
c. En 1992
d. En 2012

10. Determina si la siguiente oración es verdadera o falsa: "Moodle es un sistema de gestión de contenidos y aprendizaje (LMS) de código abierto".

- Verdadero
- Falso

Glosario

Asincrónico
Eventos que tienen lugar en diferentes intervalos de tiempo.

Blended learning
Enseñanza semipresencial. Es aquella que alterna la enseñanza a distancia con la presencial.

Coevaluación
Modo de evaluación en que los estudiantes se evalúan unos a otros.

Diseño instruccional
Proceso mediante el que se crean, desarrollan e implementan materiales y experiencias educativas.

Hashtag
Término usado en redes sociales, con la finalidad de que la publicación se indexe y destaque en redes sociales. Se acompaña del símbolo # (almohadilla).

Huella digital
Son todos los registros, datos y rastro que, en general, dejan los usuarios en internet cuando lo utilizan.

Individualización de la enseñanza
Proceso de personalización del proceso de enseñanza-aprendizaje que busca cubrir las necesidades de los estudiantes.

Interdocente
Actividad llevada a cabo entre docentes.

Interfaz
Elemento de un programa o *app* que permite la conexión y comunicación entre el hardware y el usuario.

MOOC
Son cursos *online,* masivos y abiertos, avalados por instituciones educativas de prestigio.

Objetos de aprendizaje (OA)
Recurso educativo interactivo caracterizado por estar constituido por diferentes elementos como objetivos, actividades y multimedia, entre otros.

Post
Mensaje publicado a través de X.

Repost
Reenvío de un mensaje publicado en X.

Sincrónico
Evento que tiene lugar en el mismo intervalo de tiempo.

Software libre
Programa cuyo código puede modificarse libremente por los usuarios. Además, su adquisición es gratuita.

Stories
Historias temporales publicadas en Instagram.

Streaming
Retransmisión en directo.

Bibliografía

Monografías

→ ABELLO, R., MADARIAGA, C. y SIERRA, O.: *Redes sociales: infancia, familia y comunidad.* Universidad del Norte, 2003.

Reflexión crítica y profunda sobre el impacto de las redes sociales en diferentes ámbitos de la vida, y ofrece recomendaciones y estrategias para utilizarlas de manera positiva y responsable.

→ CABERO, J.: *Nuevas tecnologías aplicadas a la educación.* Madrid: McGraw-Hill, 2007.

Ofrece una visión actualizada y crítica sobre cómo las nuevas tecnologías pueden ser utilizadas para mejorar la educación, y proporciona herramientas y estrategias para que los docentes puedan aplicarlas en su práctica educativa de manera efectiva.

→ VV. AA.: *La importancia de los blogs en el ámbito educativo y utilizaciones específicas en la universidad.* Jaén: Publicatuslibros.com, 2009.

Obra centrada en la utilización de los blogs como herramienta pedagógica en el contexto universitario.

Textos electrónicos, bases de datos y programas informáticos

→ Acerca de Moodle, de: https://docs.moodle.org/all/es/Acerca_de_Moodle

Página de información general sobre Moodle donde se describen las características y funcionalidades de Moodle, así como su historia y desarrollo.

→ Ciberacoso, qué es y cómo detenerlo, de: https://www.unicef.org/es/end-violence/ciberacoso-que-es-y-como-detenerlo%3E.

En el texto se destacan los efectos negativos del ciberacoso, se detallan sus diferentes tipos y se ofrecen consejos para prevenirlo y detectarlo. Además, se proporciona información sobre cómo denunciar el ciberacoso y cómo apoyar a las víctimas.

- Dosier educativo: ¡Manos a la obra! Proyectos para aprender haciendo, de: https://educaixa.org/documents/10180/3514988/MANOS_A_LA_OBRA_OK.pdf/eec071f2-3f2d-46be-87af-4e6fac2109aa

  Este dosier de prácticas educativas en las etapas de infantil y primaria trata sobre la importancia del aprendizaje basado en proyectos, y ofrece ejemplos y recomendaciones para los educadores que desean implementar proyectos en sus clases, con el objetivo de fomentar habilidades prácticas, el desarrollo de la creatividad y el pensamiento crítico.

- El uso de las TIC en el proceso de enseñanza-aprendizaje en educación primaria, de: https://uvadoc.uva.es/bitstream/handle/10324/8435/TFG-O%20422.pdf;jsessionid=E7F232321C3B9535CDB8C86F29536CE2?sequence

  El estudio se centra en analizar el impacto de la utilización de las TIC en el proceso de enseñanza y aprendizaje en diferentes áreas, como matemáticas, lengua y ciencias. Los resultados del estudio indican que la utilización de las TIC en el aula puede tener un impacto positivo en el aprendizaje de los estudiantes.

- Guía sobre el uso educativo de los blogs, de: https://oa.upm.es/57137/1/GUIA_USO_EDUCATIVO_BLOGS.pdf

  La guía explica cómo los blogs pueden ser utilizados como una herramienta educativa en el ámbito educativo, dando consejos prácticos y estrategias para su creación y gestión, así sobre cómo abordar las preocupaciones y desafíos asociados a su uso.

- Hacia la biblioteca 3.0, de: https://www.bne.es/es/blog/blog-bne/post-4

  El artículo explica la importancia de preservar el patrimonio cultural y la información histórica que se encuentra en los periódicos, y cómo la BNE ha estado trabajando en la digitalización de su colección de periódicos desde 2001.

- La web 4.0: La internet de las máquinas inteligentes, de: https://escolapostgrau.uvic.cat/es/actualidad/la-web-40-la-internet-de-las-maquinas-inteligentes

  El artículo trata sobre la web 4.0 y la internet de las cosas, que es una evolución de la web actual que permitirá la creación de un ecosistema digital más avanzado y complejo. Se discuten algunas de las tecnologías y conceptos clave asociados a la web 4.0, así como los desafíos y oportunidades que se presentan con su llegada.

- Las bibliotecas en un entorno web 2.0, de: https://arxiu-web.upf.edu/hipertextnet/numero-7/bibliotecas-2.0.html

  Texto que recoge cómo las bibliotecas están adoptando nuevas tecnologías y estrategias para adaptarse a un entorno digital en constante evolución y satisfacer las necesidades de los usuarios.

→ Los eduwiki, de: http://platea.pntic.mec.es/vgonzale/web20_0809exe/tema_23_los_eduwiki.html

Esta unidad forma parte de una acción formativa gratuita del MEC, denominada "Web 2.0 en educación". En ella, se desarrollan las wikis, sus tipos, usos y su utilidad en educación.

→ Metodologías activas aprendizaje cooperativo, de: https://www.theflippedclassroom.es/metodologias-activas-aprendizaje-cooperativo-parte-1/

El artículo trata sobre el aprendizaje cooperativo, mostrándolo como una metodología activa para el aula. Ofrece ejemplos y consejos para los educadores que desean implementarla.

→ Ocho propuestas para utilizar las redes sociales en el aula, de: http://www.aulaplaneta.com/2015/04/08/recursos-tic/ocho-propuestas-para-utilizar-las-redes-sociales-en-el-aula/

Resume ocho formas en que los educadores pueden utilizar las redes sociales como herramientas pedagógicas en el aula, planteando distintas propuestas de actividades que pueden ser implementadas en el aula utilizando diferentes redes sociales.

→ Uso de las redes sociales en el aula, de: https://www.researchgate.net/publication/282858971_Uso_de_las_redes_sociales_en_el_aula

En este artículo se discuten las diferentes formas en que las redes sociales pueden ser utilizadas, así como las preocupaciones y desafíos asociados a su uso. El artículo destaca la importancia de utilizar las redes sociales de manera efectiva y responsable para mejorar el aprendizaje y el desarrollo de habilidades digitales en los estudiantes.

→ Valor de la sindicación de contenidos en la empresa, de: https://www.juangalera.com/valor-de-la-sindicacion-de-contenidos-en-la-empresa/

El texto desarrolla la importancia de la sindicación de contenidos en el ámbito empresarial y cómo puede ayudar a las empresas a aumentar su alcance y visibilidad en línea.

→ Ventajas del uso de las TIC en el proceso de enseñanza-aprendizaje desde la óptica de los docentes universitarios españoles, de: https://www.researchgate.net/publication/28319124_Ventajas_del_uso_de_las_TICs_en_el_proceso_de_ensenanza-aprendizaje_desde_la_optica_de_los_docentes_universitarios_espanoles

El artículo se centra en analizar la perspectiva de los docentes universitarios españoles acerca de las ventajas del uso de las tecnologías de la información y la comunicación (TIC) en el proceso de enseñanza y aprendizaje, tras haber realizado un estudio sobre este tema.